JN124701

説話社 占い選書 20

ホロスコープが読めるようになる

西洋占星術

いけだ笑み

はじめに　～ホロスコープを統括して読むためには

数多くの占星術入門書があるなか、この本を手に取っていただき、ありがとうございます。本書は、これから西洋占星術を本格的に勉強しようという方から、すでに基本知識は持っているがさらに理解を深めたり、知識の根拠を知りたいという方まで幅広くご満足いただけるように書いたものです。

地上の写し鏡である天球図・ホロスコープには、無数の情報がちりばめられており、それらすべてが細密に人の営みや存在を代弁してくれます。本書では、ホロスコープから得られる多くの情報をパーツ別に説明し、その文法を明確にできるように繰り返し整理する努力をしました。最終章では、それらを統合して一つの存在としてイキイキととらえるヒントと手順をまとめてあります。12星座や惑星それぞれの意味が理解できても、バラバラのパーツをどのように扱ってよいか混乱する人が多いかと思いますので、そういった混乱を本書で解決していただければ幸いです。

本書執筆について最初にお話をいただいたときは、２００９年に発行された占星術の入門書である『基本の「き」目からウロコの西洋占星術入門』と『続・基本の「き」目からウロコの西洋占星術入門』の二冊を統合して一冊にまとめたものを、ということでした。

しかし、『基本の「き」』から15年もたち、その間に私が学んだことや考えが更新されたことは多く、世界の西洋占星術シーンも日進月歩で新たな発見や改訂を繰り返しながら成長と成熟を積み重ねています。近年では、ギリシャ、アラビア、ローマ、エジプトなどの重要な文献が次々に英語に訳され再発掘されていることもあり、15年前には網羅しきれなかった概念や根拠を含め、お伝えしたいことが多すぎました。

結果、すべてを一から書くことを選んだのですが、先行する『基本の「き」』の内容が古くさいというわけではありません。『基本の「き」』は、西洋占星術のシンボルや構造に全く知識がない初心者の方が混乱しないようにできるだけシンプルにスリム化しつつ、基礎を抑えた内容となっています。本書を読み進めて「難しい」と感じた方は、ぜひそちらも合わせて読んでいただければ最高です。

私が新たに一から書き下ろしたくなったことで、予定よりも大幅に時間も手間もかかってしまったことを辛抱強く見守り援護してくださった編集の酒井陽子さん、高木利幸さんらに深く感謝いたします。大好きな説話社占い選書シリーズの、西洋占星術の執筆を私に任せていただけた光栄に報いることができますように！

いけだ笑み

目次

第5章 ハウス

第6章 アスペクト～座相

第7章 バラバラの意味を統合する

第1章

西洋占星術の起源と進化

西洋占星術の世界観

西洋占星術は、人が生まれた場所からみた東の地平線と、太陽をはじめとした星々の位置から、その人の運勢をみる占いです。

生まれた時の星の配置はホロスコープと呼ばれる星図に7～10天体と、それぞれの天体が形成する角度が描きこまれ、天体が位置する12個のエリア（部屋）によって読み解くことができます。

一般的に知られている星占いの「星座」とはこのような星図の太陽の位置だけを取りざたしたもので、太陽星座以外の惑星や多くの要素全体を必要に応じて読み解くのが、ホロ

＊錬金術の守護神ヘルメス・トリスメギストスによって記された銘碑エメラルド版「下なるものは上なるもののごとく、上なるものは下なるもののごとし」

スコープ占星術です。

生まれたときの星々の配置がその人の運勢に関係するという一見突飛な考えは、大宇宙（マクロなコスモス）と人間を含む小宇宙（ミクロなコスモス）が照応関係にあるというイメージを前提としています。

占星術の起源と進化

占星術の歴史は古く、人類が天体を観測した痕跡は世界中の遺跡から発見されます。明日を思い煩う人間のサガは、自然災害や河川の氾濫の時期を捉えようとし、種まきと収穫の時期を測ろうとすることから始まり、天文観測の歴史は暦や王朝の誕生と関係が深いのです。

ホロスコープを使った占星術の起源は、古代バビロニア文明からシュメール、アッカドあたりに形成されました。バビロニアの占星術は、日食のサイクルを重視し、エグザルテーションと呼ばれるサインと惑星の関係を形成。それがギリシャ、ローマの哲学と出会い四大元素や神話と融合します。

エジプトではデカン（36区分のサインを扱った占星術）が発展し、アレクサンドリアのトレミーがまとめ上げた４冊からなる占星術書「テトラビブリオス」も重要です。

古代天文学（占星術の元型）は、神話や哲学、自然観測や科学の仮説に威厳を与えます。例えばギリシャの神々はオリンポスの山を出処としており、地上の八百万（やおよろず）に宿るものとして各所に神殿が設けられていました。民衆に親しまれ、山や川や食物に宿る神を敬う気持ちは日本人の感覚に近いですね。

しかし親しまれるがゆえに、人間くさい神々の性癖やゴシップは民衆の嘲笑の元になったり、物語の中で姿を変えて多様に語り継がれていく一方で、その威厳は失われてしまいます。それが天上のものと結びつくことで普遍性が与えられ、その威厳を取り戻すことになるのです。

哲学や学説においても、7つの分類を持たせることで7惑星という普遍的体系の後押しを受け信ぴょう性が深まるため、学説や文化を成熟させる過程で惑星との結びつきを持つようになるものです。

土着の神々が天上と結びつけられた記録は、例えば豊穣と食物の女神イシュタルが、アヌ

＊「西洋占星術科　科学と魔術のあいだ」中山茂　講談社現代新書

惑星（記号）	バビロニア	ギリシャ	ローマ→英語
太陽 ☉	シャマシュ	ヘリオス	アポロ
月 ☽	シン	セレネ	ディアナ
水星 ☿	ネポ	ヘルメス	マーキュリー
金星 ♀	イシュタル	アフロディーテ	ヴィーナス
火星 ♂	ネルガル	アレス	マース
木星 ♃	マルドゥータ	ゼウス	ジュピター
土星 ♄	エヌルタ	タロノス	サターン

神の宣言によって金星として昼も夜も輝くよう持ちあげられる過程が、物語として記録されています。

また、ホロスコープを形成する最重要パーツである惑星のほうでも、神話との結びつきにより性格的肉づけがなされるため、ここでも天上と地上は相助的に発展を遂げることになります。

西洋占星術は、古代オリエント（エジプト、メソポタミア、ペルシャ）を中心としてギリシャ、ローマ、アレクサンドロスを巻き込んで広く多様な発展を遂げた集大成です。

占星術と神々との結びつきや世界観の危機は、天動説から地動説への移行、新惑星の発見、それから、多神教から一神教への移行、さらには近代科学の発展による神自体の存在危機など、決定打となりうる事態に数知れず直面してきました。それでもなお星占いは、多くの文化圏の中でその有様を柔軟に変容させながらも廃れることはありませんでした。これは驚くべきことです。

ホロスコープリーディングは、近代になるにつれ12サインにより大きな意味が与えられるようになったと感じます。初期のサインは、「獣」「人」「海洋生物」「キメラ」といった粗削りなカテゴライズ以上の広がりは持ちませんでした。

ホロスコープ解釈の文法において、12サインは形容詞的部分を担います。人間の生活様式が近代になるにつれ視覚中心となり、それにより色彩感覚が細密になってきたことと、サインの解釈の細密化には同種のものを感じます。

古来はものごとを「良い、悪い、強い、弱い」のサバイバルモードで測り、時を経て、生存率が飛躍的に上がった現在においては「生き残るかどうか」よりも「どのように生きるか」といった個人の創造性や多様性がより注目されるようになったのでしょう。

第2章

ホロスコープを構成するパーツと種類、その役割

構成する4つのパーツ

ホロスコープは、惑星、サイン、ハウス、アスペクトと呼ばれる4つのパーツで構成されています。それぞれに別の役割が与えられており文法がありますので、それをまずはしっかり区別しましょう。文法を理解しないままに、目についた場所からチャート解釈を始めると、ホロスコープから一貫した情報を引き出すことが後に難しくなります。

惑星はホロスコープ解釈の文法における主体であり主語の部分を担い、文脈の中では「何が」を示します。

サインは様子や雰囲気を担い、そこにある惑星やハウスにサインがニュアンスやカラーを与えます。文脈の中では形容詞的役割で「どんなふうに」を示します。

ハウスは場所や分野を担い、そこに入る惑星の属性や出没エリアを教えてくれます。文脈の中では「どこで」を示します。

アスペクトはアクションを担い、角度（アスペクト）をとる惑星同士の関係性を教えてくれます。文脈の中では「何をしている」を示します。

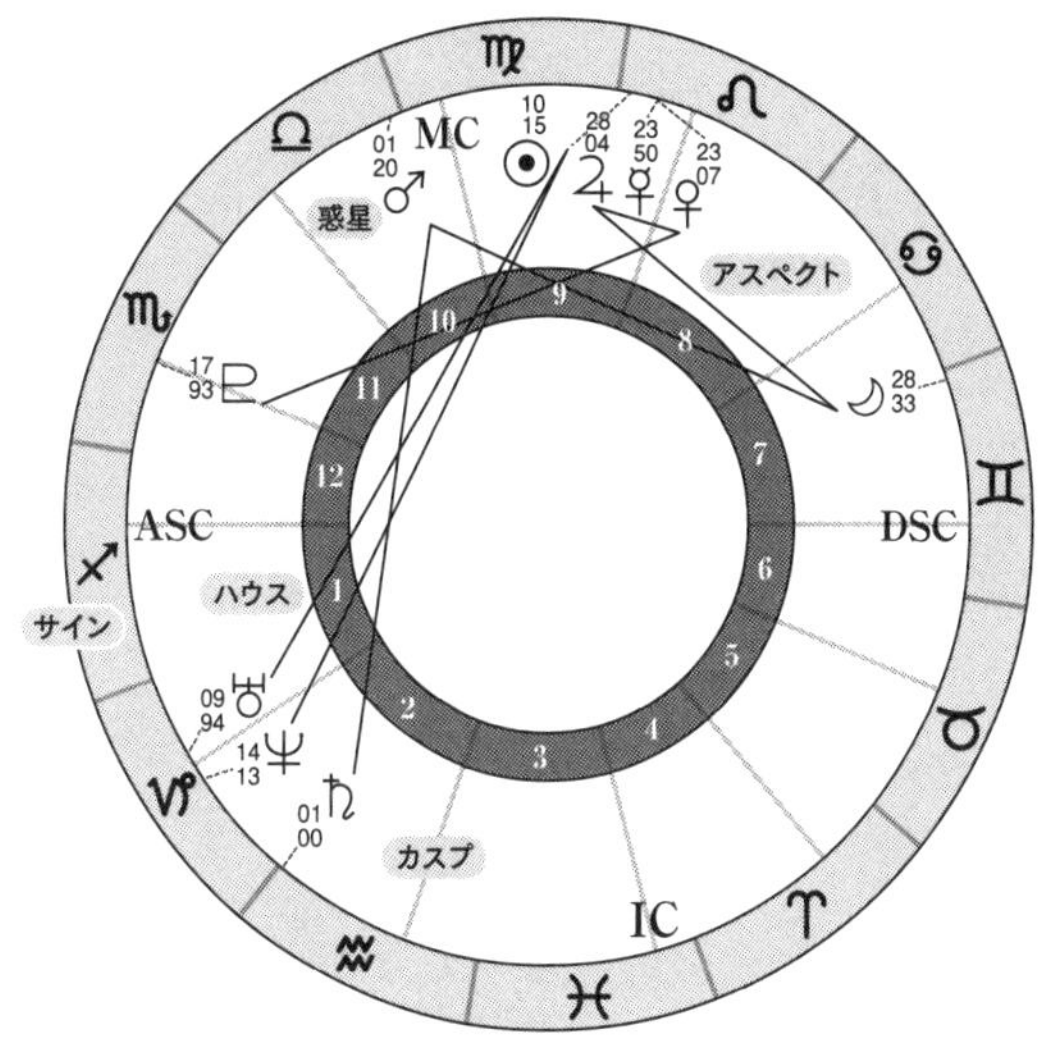

◆実際にホロスコープ解釈をするときの文法の組み立て例

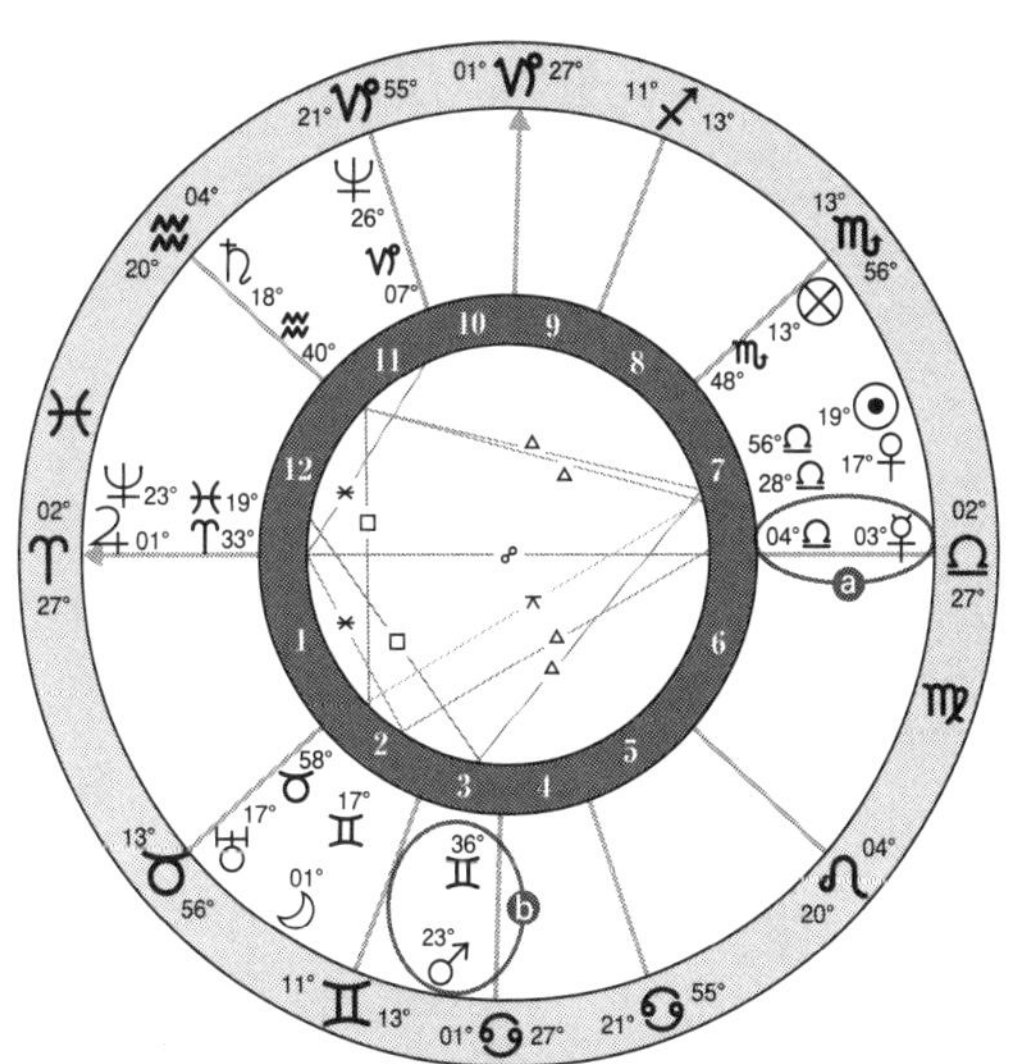

1 このホロスコープの○で囲んだ場所を、まずは道具の専門名称を用いて位置情報を明示します。

a 水星☿が、天秤座♎にあって、7室で、月☽とトラインしながら木星♃とオポジションしている。

b 火星♂が、双子座♊にあって、3室で、海王星♆とスクエアしながら太陽☉とのトラインに向かっている。

2 この章のはじめに説明しましたホロスコープ解釈の文法に基づいて言語化します。

a この人の考え方（☿）は、公平で洗練されており（♎）、その公平さは対人面（7室）で発揮され、それはこの人の心（☽）と調和（トライン）しながら大盤振る舞い（♃とオポジション）されている。

b このホロスコープの持ち主の熱意（♂）は、多方向へ（♊）へ向かい、身近なエリアや兄弟間（3室）で発揮される。その熱意は不安定な傾向（♆とのスクエア）を持つが、結局は目的（☉）を見失うことはないだろう。

ホロスコープの種類と役割

出生図のホロスコープリーディングの基本が身につくと、相性をみるために二人以上のホロスコープ同士をかけ合わせた二重円を使った「シナストリーチャート」読みに挑んだり、中心に出生図を表示したプログレレスとトランシットチャートによる三重円を駆使して未来予測を試みたりすることになるでしょう。一般的に円を3つ重ねた予測法の場合、それぞれのチャートの役割はこのような構造を持ちます。

本書では、予測法の解説は扱いませんが、構造を知っておくことで、出生図のホロスコープリーディングが、人生のブループリントとしての大きな地図で、どのような領域や役割を担うかを、理解しておくことは大切なことです。

◆ネイタルチャート（出生図）

ホロスコープ占星術と言われる本格的な占星術は、占いのエリアとしては「命術」と呼ばれる分野に属し、ある人物や物が生誕した瞬間の空を生まれた場所から観測した様子から作成され、性格判断や心理分析の役割を担います。

この本で扱うものも、出生図とその解釈なので命術としてのホロスコープ解釈です。

◆プログレスチャート（進行図）

プログレスチャートでは、出生図を起点として一定の法則で星の位置を進めながら、その人の内的バイオリズムを測ることができます。代表的なもので、1日1年法や1度1年法などがあり、前者は生まれたときから最初の1日の星の移動値を、そのまま1年後の予測として扱います。

◆トランシットチャート（経過図）

天にちりばめられた星々は時々刻々とその様相を変え、月は満ち欠け、太陽は日周運動によりその傾きを変化させます。ある人物の今の状態や未来の状態を知るためには、その時点の空模様を切り取って出生図との兼ね合いから状態を読むこともできます。天気のような役割を担う経過中の星図をトランシットチャート（経過図）と呼びます。

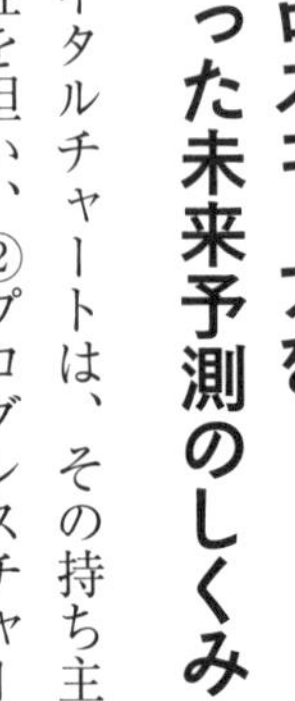

ホロスコープを使った未来予測のしくみ

①ネイタルチャートは、その持ち主の資質や可能性を担い、②プログレスチャートは軸になるネイタルチャートの持ち主の進化行程や心情の変化、その時期時期でのマイブームがわかります。そして③トランシットは、環境的要因を担い、その時々に訪れるチャンスやハプニング、事件など船乗りにとっての波や天候の部分を教えてくれます。

これらが相互におしたり引いたりしながら
未来がつむがれてゆく。

ホロスコープリーディングに慣れてくると、中心にネイタルチャートを置いて、その外側の外円にプログレスチャートあるいはトランシットチャートをおいてその兼ね合わせから未来予測をしたり、現状把握に役立てることができるようになります。

その人が成功するかどうかなど、一般的によく尋ねられる占星術による運勢鑑定は、一部を単一的に取りざたして結論づけることはできません。①資質があったとしても、③チャンスが巡ってこなければその才能が開花することは難しいですし、①才能と③チャンスが合わさったとしても、その人が人生ステージにおいて、②今その波に乗りたいと思える時期にあるかどうかも無視できません。

さらに、そこに関わってくる第三者のホロスコープも当然考慮の対象となります。誰もが独りで生きているわけではないからです。

例えば歌のうまい人がいて、そこにレコード会社からのオファーがあっても、その人が今自分の歌を世に出すこと以上に優先していることがあれば、波に乗りきることはできないでしょう。また、いくらチャンスが与えられやる気があったとしても、元々の資質がそこを開花させる方向性を持っていなかったとしても決め手に欠けます。

ある種の事象が開花したり破滅するには、相互的に「資質」（ネイタルチャート）と「やる気」（プログレスチャート）と「チャンス」（トランシット）の足並みがそろう必要があるのです。

結論としましては、例えばネイタルチャートだけを分析して、「この人は将来大物になる」とか「この子は犯罪者になります」と断定することはできないということです。

つまり本書で扱うネイタルチャート（出生図）の解釈は、その持ち主が持つ資質や可能性に光を当てるものですが、それが開花して成功したり失敗するという展開を占うものではありません。

第3章

ゾディアックサイン
～黄道12宮

太陽の通り道である黄道を12の区画に分けて、春分点を起点に配列されたサインが黄道12宮です。

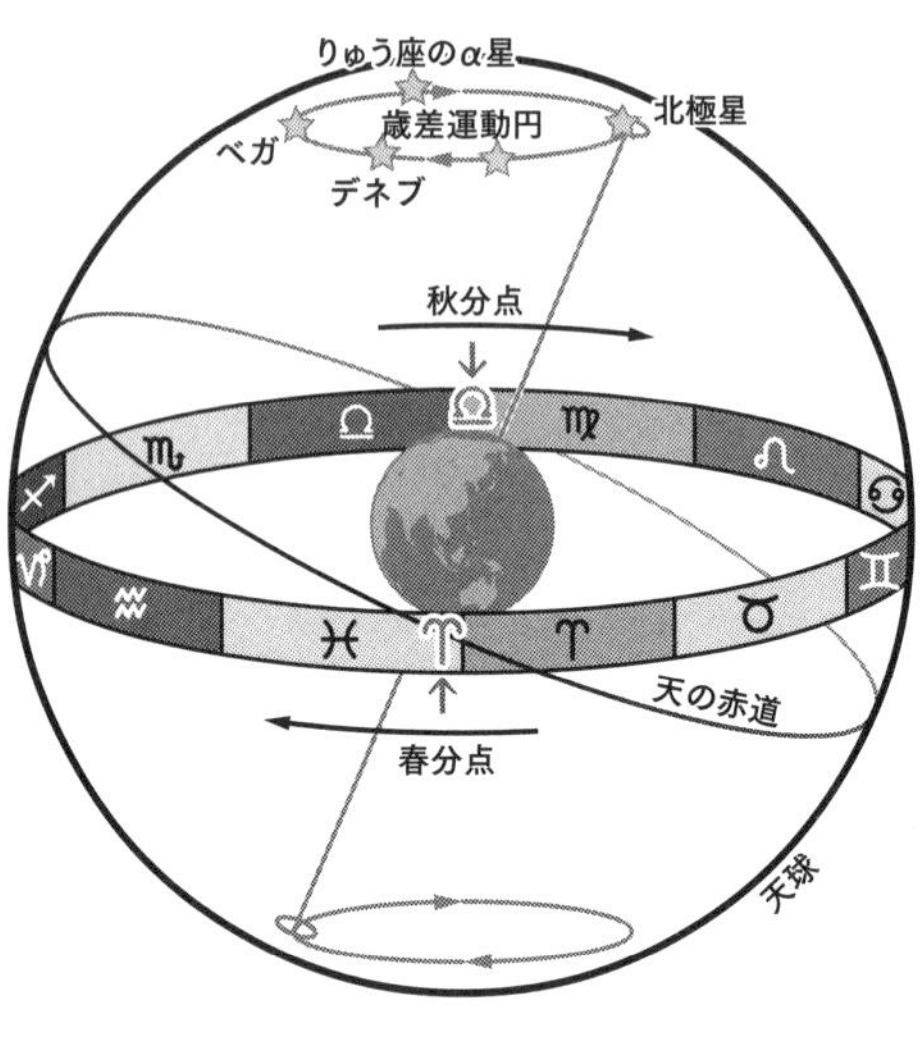

黄道の起点である春分点は、歳差運動＊により長い年月をかけてじりじりと後退してゆき、現在では水瓶座あたりに起点がずれています。ズレ方の単位は、1年でおよそ50″26ほど後退、71・5年でおよそ1度後退。1つのサインを2160年かけて後退（小プラトン年）、26000年かけて一周（大プラトン年）とされています。

＊太陽や月の引力が地球の地軸の方向を変化させるために、春分点が恒星に対して年に約50″26ずつ西に移動する現象。紀元前2世紀頃ヒッパルコスが発見、その原因を力学的に説明したのはニュートンである。地球は南北に扁平で、自転軸が軌道面に23.5°傾いている。このため、太陽と月の引力は、自転軸を軌道面に垂直にする方向に力を及ぼし、自転軸は約2万6000年の周期で円錐運動を行う。天の北極は天球上で小円を描いてゆっくり変化していき、約1万3000年後にはこと座α星（ベガ）の近くにくる。月の軌道は黄道に対して約5°傾いている。これが原因で起る春分点の短い周期運動を章動という。このほか微小な春分点の移動として、惑星の引力による惑星歳差、相対論的効果による相対性歳差などがある。（→歳差運動）
出典：ブリタニカ国際大百科事典小項目事典

そのため、実際に天文学上で言われる星座がある位置と占星術で扱うサインの位置は違っており、厳密には「〇〇座」とはよばず「〇〇宮」とよんで区別すべきなのですが、とっつきやすさから本書では12宮のことを「〇〇座」と呼びます。

本書で「星座」「サイン」という場合、それは季節を基準として計算された「トロピカル占星術」における星座の位置のことを言います。インド占星術などでは、実際の星座の位置でサインを測り、それは「サイデリアル占星術」と呼ばれます。

実際の星座は最大のもので水瓶座は40度ほどの領域にありますし、最小の獅子座はわずか4度ほどの領域にしかありません。ですから、蠍座と射手座の間にへびつかい座があるからといって13星座のほうが正しいのだという文言は、そもそも扱っている体系が違うので論点がズレています。

ではなぜ黄道帯を12の区画に分けたのでしょう？　ホロスコープはシュメールおよびそれを継いだバビロニア由来の60進法円を元に組み立てられた体系です。そのため円は360度からなり、12という数は、1，2，3，4で割り切れるので多くの公約数を内包する、円の中の最小の単位です。

円の中に出現する三通りの分割図は、ジェ

ンダー、クオリティー、エレメントとされ、サインの性質のカギを握ります。

◆ジェンダー「性別」

2区分（円の中の正六角形）は、古今東西どのような哲学体系においても対極を表し、陰と陽、夜と昼、闇と光、女性と男性、マイナスとプラスでイメージすることができるでしょう。

西洋占星術における2区分は、ジェンダー（性別）を担い、奇数のサインは男性宮で昼のサイン、偶数のサインは女性宮で夜のサインとして区別されます。

◆モード「3原質」

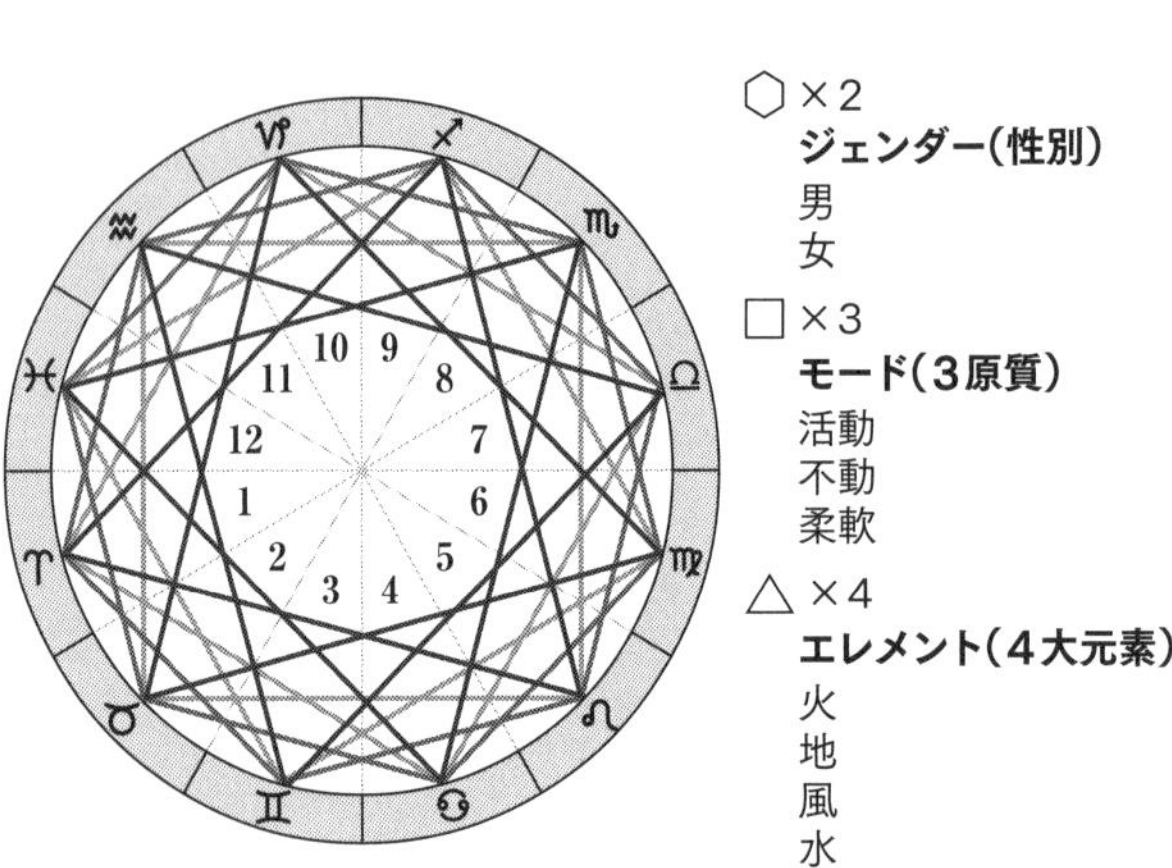

男性宮	奇数サイン	牡羊座、双子座、獅子座、天秤座、射手座、水瓶座	陽の性質、能動的、行動性、加害的、発信、表現、賞賛を求める、愛する
女性宮	偶数サイン	牡牛座、蟹座、乙女座、蠍座、山羊座、魚座	陰の性質、受動的、内向性、被害的、受診、観察、褒める、愛される

3区分（円の中の正四角形）は、世界を構成する三つの「状態」を指し、キリスト教においては三位一体（父、子、精霊）、ヨーガ哲学ではプラクリティつまり三つのグナ（サットゥバ、ラジャス、タマス）、アーユルベーダでは（ヴェータ、ピッタ、カパ）、錬金術においては人体錬成に必要な基礎素材（塩、硫黄、水銀）などに代表されます。

西洋占星術における3区分は、モード（3原質）を担い、円の中に派生する三つの正四角形の角をとります。春分点から始まる季節の起点になる四つの角は「活動宮」、それに続く暑さ寒さが安定しその猛威を振るう時期にあたる四つ角は「不動宮」、次の季節が視野に入り三寒四温を繰り返す変わりやすく不安定な気候の時期にあたる四つ角は「柔軟宮」です。

活動宮	不動宮	柔軟宮
季節の起点（春分点、夏至、秋分、冬至）の四角	季節が安定の四角	季節が変動的の四角
牡羊座、蟹座、天秤座、山羊座	牡牛座、獅子座、蠍座、水瓶座	双子座、乙女座、射手座、魚座
推進力、瞬発力、急性の、俊敏な、短期決戦で、性急で激しい性質	持続力、忍耐力、慢性の、愚鈍な、長期的かつ永続的、頑固で普遍的な性質	適応力、調整力、柔軟性、臨機応変、繊細さ、迷いやすく不安定な性質

◆エレメント「4大元素」

4区分（円の中の正三角形）は、物質の四つの状態を指し、現代科学における物質の三つの状態である固体、液体、気体、に、それらの状態を移行させるための「エネルギー」を加えた四つに似ています。

西洋占星術における4区分はアリストテレスの自然哲学に由来するところが大きく、基本となる第一の素材に温度と湿度が加わることで四つに分かれた火、地、風、水のエレメント（元素）となります。こちらは円の中に出現する四つの正三角形です。

第一質料に熱と乾が加わったものが火で、熱と湿が加われば風です。第一質料に冷と乾が加われば土で、冷と湿が加われば水としま す。

△　第一質料＋熱＋乾＝火
🜁　第一質料＋熱＋湿＝風
🜃　第一質料＋冷＋乾＝土
▽　第一質料＋冷＋湿＝水

＊「第一質料」とは、古代ギリシャの哲学者、アリストテレスがすべての物質の根源に位置する「神」の比喩として位置づけたものです。神自体は質料を持たないため、それは「不動の動者」とし、すべての物質が最終的にそれに帰依し、すべての物質がそこから派生すると考えられたようです

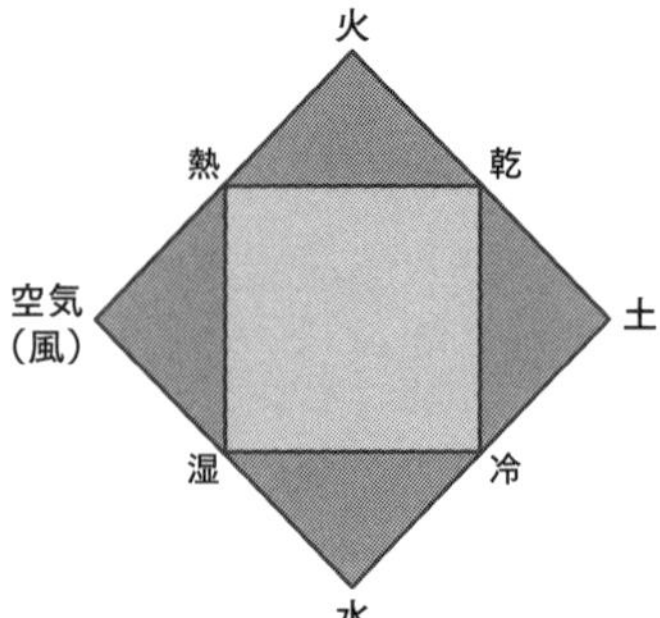

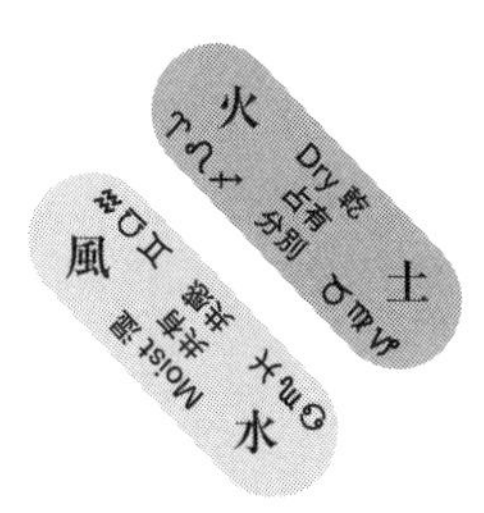

図の温度（熱・冷）は、ジェンダーにおける男性宮（熱）と女性宮（冷）の区分方法と一致し、熱は向上心や精神性を指し、冷は地に足のついた肉体性を指します。

図の湿度（乾・湿）の概念は近代には抜け落ちてしまった概念で、馴染みがない読者が多いでしょう。乾いたサインは火と土、湿ったサインは風と水です。乾いたサインは周囲から自分を切り離すことで利益を見出す性質を有し、湿ったサインは周囲との繋がりから利益を見出す性質を有します。

上昇する乾いたサインである火（牡羊座、獅子座、射手座）は、野心や向上心、精神性の高まりを示すため、その切磋琢磨の行程においても成果においても、それを他者と共有することは難しい。

競技の表彰台において1位の座に立てるのは1人ですし、一緒に勉強したり練習することは敵やライバルを育てることになりますから、鍛錬のプロセスは孤独です。また精神性の高まりを示す宗教的ゴールである解脱の道も、親や家族を捨てることから行脚は始まり、弟子たちを置いて一人荼毘に付します。

下降する乾いたサインである土（牡牛座、乙女座、山羊座）は、豊さや繁栄を求め、大地に屈強な根を張ることを示すため、生産の行程においても成果においても、火と同じくそれを他者と共有することは難しい。

1つの土地を二人以上で共有すると一人当たりの専有面積は減るし、1000円二人で分けると一人当たりの持ち分は半分の500円に目減りします。根を張るという意味においても、多くの種を植えると1つの種に行き渡る養分も根を張る場所も減ってしまうため、周囲と一緒に行動したり分け前を増やすことは土にとって不利益となり、孤独であることは土により多くの取り分を与えることになります。

外向する湿ったサインである風（双子座、天秤座、水瓶座）は、外に向かって繋がる要素である情報の共有や開示、広報や流通と関係し、知識やテクニックをおしゃべりしながら共有することで流行やムーブメントを起こし活動領域を拡大してゆきます。

音楽は街で流すことで流行歌となり、戦場の様子は映像として世界に拡散されることで社会現象を生み出します。

土の属性である情報の占有や秘密の保持は、風のサインにとって自分を強める要素として機能せず、開示共有こそが自分を強めることだと感じるでしょう。

内向する湿ったサインである水（蟹座、蠍座、魚座）は、心の共有、すなわち共感を担うサインです。自分が感じたことや私的な都合を共有することで、より有利で好都合な状態を得るエレメントです。例えば有給を取りたいときに日頃から介護や子育てなどの私情を同僚と共有しておくことで、家人の急な発熱などによる休日取得がスムーズでしょう。

そもそも他者の都合や心に想像力を働かせて配慮することができない世界に、福祉や救済など弱者へのセイフティーネットは成立せず、水のない世界では休息や安堵といった概念すらなくなってしまいます。

温度と湿度による元素の区分方法を知ると、そのどちらにおいても共通点を持たない、火—水、土—風の元素が有する要素は何かについて考えが至ります。図形的には正四角形の角を結ぶ十字の部分。この十字は実はルーラーシップ（サインと惑星の結びつき）における共通点を持ちます。

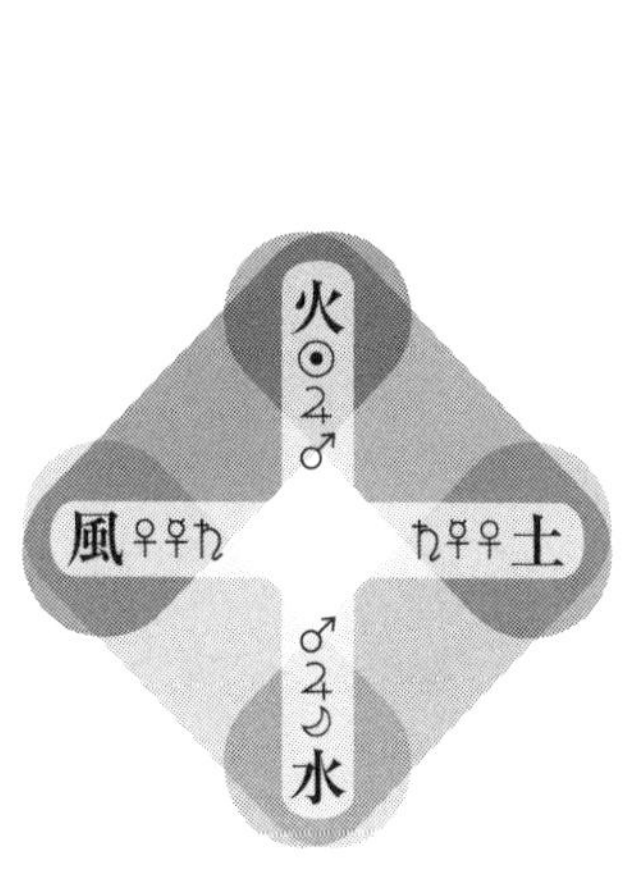

横の軸を担う左の端である風と右の端である土は、天秤座の金星と牡牛座の金星、それから双子座の水星と乙女座の水星、水瓶座の土星と山羊座の土星、3種類もの惑星を支配星として共有します。そのため、風と土は共に分析、比較（水星）、協調性（金星）、出典や根拠の明示（土星）といった客観性を有します。信じるのではなく検証する性質です。

一方で縦の軸を担う火と水は、太陽と月という天の二大光源をその支配性として有し、全能の神ゼウスに例えられる木星をも共通の支配星とします。また、戦いの星である火星を牡羊座と蠍座で共有します。そのため、水と火は共に自分という軸からの表現や感想を持ち、直情的でやる気に左右される気質を持ちます。それは、直観に基づいた芸術的性質と関係がありそうです。

火と水が主観からの発露だったことに対し、風と土はそれらを分析したり比較したりと観察者の視点を持ち、火―水が演者ならば風―土はプロデューサーや監督的役回りを得意とするでしょう。

以上の元素の派生と分類からそれぞれの性質を考えると、次のようになります。

火（牡羊座、獅子座、射手座）

閃き、向上心、精神性、熱狂、意志力、陽気な性質

火の未熟さから完成へのイニシエーション：

粗暴、利己的、独善的↓英雄「ヒーロー」

土（牡牛座、乙女座、山羊座）

冷静、沈着、実際性、悲観的、政治力、現実的な性質

土の未熟さから完成へのイニシエーション：

冷酷、欲張り、権威的↓統率力「リーダー」

風（双子座、天秤座、水瓶座）

対話、知性、平和的、多様性、客観性、おしゃべりな性質

風の未熟さから完成へのイニシエーション：

散漫、悪口、無責任↓博愛「ピースメイカー」

水（蟹座、蠍座、魚座）

直観、共感、浸透力、内向的、情緒的、やさしい性質

水の未熟さから完成へのイニシエーション：

怠惰、被害者意識、自己憐憫↓癒し「ヒーラー」

サイン解釈の根拠

12サインに与えられた意味は、以下の要素をベースとして成り立ちます。この派生を固定したうえで、実際にその星座生まれの人物や事象を観察することによる偏見の側からも再構築され、時代や文化的背景により解釈が進化してゆきます。

①ジェンダー、モード、エレメントの区分による性質
②サインに結びつけられた惑星の性質（惑星の章「品位」のところでさらに説明）
③サインそのものが持つ原始的意味
④神話
⑤春分点を起点として与えられたサインの番号順

例 牡羊座→①男性宮、活動宮、火の宮、②火星を支配、③四つ足の獣、④シュメール、バビロニアでは「男」と同意、ギリシャ、ローマでは黄金の毛をまとう羊、⑤1番目、これらの意味を統合しながら解釈。

占星術はそもそも宇宙全体における地球や人間存在の様子を外側から客観的にのぞくベクトルと、人間の側から宇宙をのぞくベクトルが同じ重みを持つ体系（マクロコスモスとミクロコスモスが照応関係にあるという前提）です。ですから、人間観察の側からサインを再構築するというプロセスも含んでいてもおかしくありません。ただ、それをする場合、占星術のシンボルが持つ原初的区分方法（セクトP.42）に対する理解を前提として持っておくことが重要です。どこからが固定されたシンボルで、それがどこから生きたシンボルとブレンドしているかを知ったうえで解釈を深めましょう。

12星座が持つ基本的意味の例

牡羊座

熱／乾、男性、活動、火、火星、頭頂部

素朴、純粋、粗削り、短気、せっかち、勝気、直観的、猪突猛進、説明下手、孤立しやすさ、存在の不安、透明感

牡牛座

冷／乾、女性、不動、土、金星、喉、舌、声

おだやか、安定感、頑固さ、個性的、欲張り、経験主義、美意識の高さ、芸術的、自分のテイストや趣味嗜好に拘り（こだわり）、忍耐力、持続力

双子座

熱／湿、男性、柔軟、風、水星、呼吸器、腕、手

好奇心、おしゃべり、言葉巧み、トリックスター、どこにも属さない、散漫、神経過敏、根無し草、吟遊詩人

蟹　座

冷／湿、女性、活動、水、月、胸、胃

共感的、親しみやすい、大衆性、人気者（嫌われ者）、なれなれしい、反応の良さ、情緒的、不安症、安全と保護を求める、甘え甘やかす

獅子座

熱／乾、男性、不動、火、太陽、心臓、背中、中心

公明正大、威風堂々、創造的、遊び心、童心、陽気、自信、自己中心的、親分肌、独善的、来るもの拒まず去るもの追わず

乙女座

冷／乾、女性、柔軟、土、水星、腸

繊細、潔癖、潔さ、奉仕的、働き者、分析的、批判的、理路整然、細密、効率的、役に立つか立たないかで判断（有能か無能かの尺度）

天秤座

熱／湿、男性、活動、風、金星、腰、下半身

公平、客観的、社交的、正義漢、バランス感覚、開示する、意見を述べる、少数派に加担あるいは弁護、対等なパートナーシップ

蠍　座

冷／湿、女性、不動、水、火星、冥王星、直腸、生殖器

洞察力、虎視眈々、秘密主義、親密さ、濃厚、掘り下げ力、愛憎、徹底的、捨て身、汚れ、粘り強さ、才能を愛する（天才好き）

射手座

熱／乾、男性、柔軟、火、木星、太もも、大臀部

高みを目指す、精神性、切磋琢磨、見聞の広さ、博識、弁論、ビッグマウス、大胆、自由奔放、エンターティナー、挑発的、完璧主義

山羊座

冷／乾、女性、活動、土、土星、膝、骨格、皮膚

統率力、人望の厚さ、ユーモア、責任感、政治的、結果を出す、成果を望む、努力できる、悲観的、冷徹、目的を失うと落ち込む

水瓶座

熱／湿、男性、不動、風、土星、天王星、ふくらはぎ

友好的、博愛主義、俯瞰の視点、多趣味、文化的、虚無感、反体制、社会派、ミニマリスト、自己責任、機会の平等を望む

魚座

冷／湿、女性、柔軟、水、木星、海王星、つま先

現実感のなさ、カオス、ロマンチスト、信じやすさ、献身的、癒やし系、もれなく救いたい、解体して手放す、天使的な側面と悪魔的側面の二面性

第4章

プラネット～惑星

惑星とは

惑星"planets"の語源は、ギリシャ語の「プラネテス」で、さまようものや放浪者を指します。古代占星術の世界では、天球に張りつくようにちりばめられた星座（恒星）や獣帯は固定的に一定の方向へと安定した動きをし、これを「不動のもの」と見なしたことに対し、惑星たちは地球と天球の間をフラフラと不規則に（逆行したり運行速度を変化させたり）移動する「放浪者」とみなしました。

不変不動のものには、より神的要素が投影され、さまようものにはそれより人間に近い媒体のようなイメージを投影したのです。

基本的には、地上に展開される有形無形のものすべてを惑星に例えることができ、ホロスコープ解釈をするうえで、惑星は主語の部分を担い、常に「何か」の比喩である考えることができます。

プトレマイオスの宇宙モデル

例えば最も無機質な地下鉱物界では、月は銀、太陽は金、水星は水銀、金星は銅、火星は鉄、木星は錫、土星は鉛です。人間なら月は魂の器である肉体を示し、太陽は命や精神性の比喩です。肉体の均整を保つ美が金星で、神経回路が水星、筋肉は火星、成長が木星、骨格が土星です。

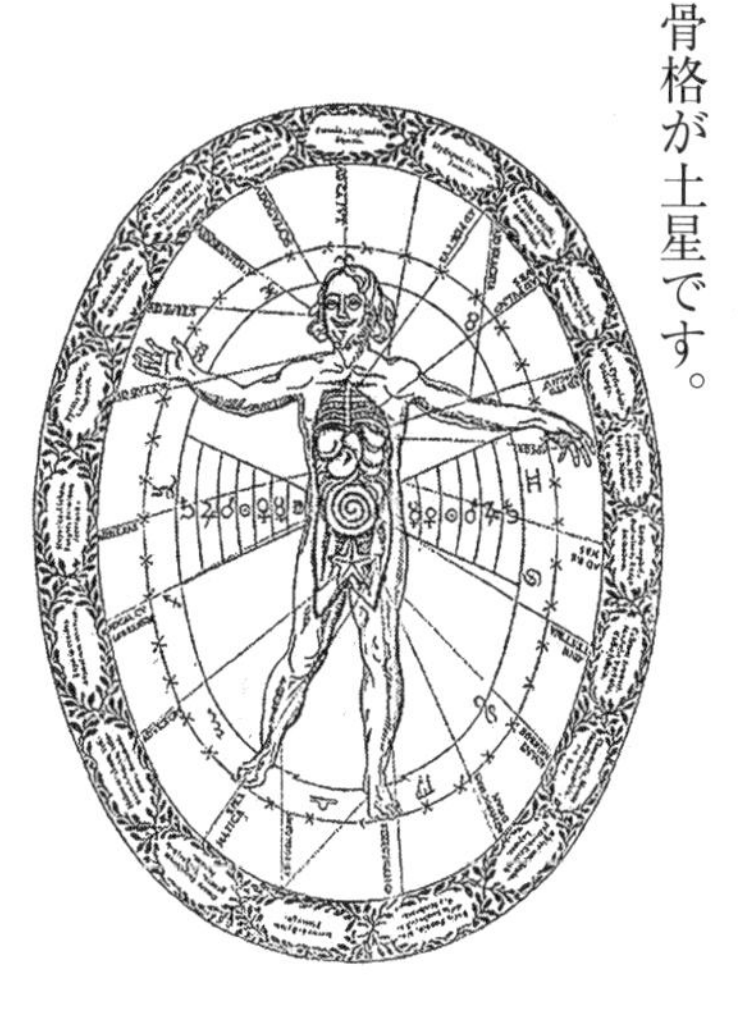

◆惑星の種類と区分け（セクト）

惑星にはそれぞれに図のような本質的区分け「セクト」があります。大枠として、昼の属性を持つ惑星と、夜の属性を持つ惑星があり、その中にそれぞれ昼と夜を代表する太陽と月、吉星と凶星、最後の中立星が配置されています。

サインにおける昼と夜の区分は、男性宮（＊サインの章を参照）が昼のサインで女性宮が夜のサインです。

惑星に昼夜の区分けがあるように、チャートにも昼のチャートと夜のチャートがあります。太陽が空に観測できる昼間に生まれたチャートは昼のチャートで、日没以降から夜明け前までに生まれたチャートは夜のチャートです。

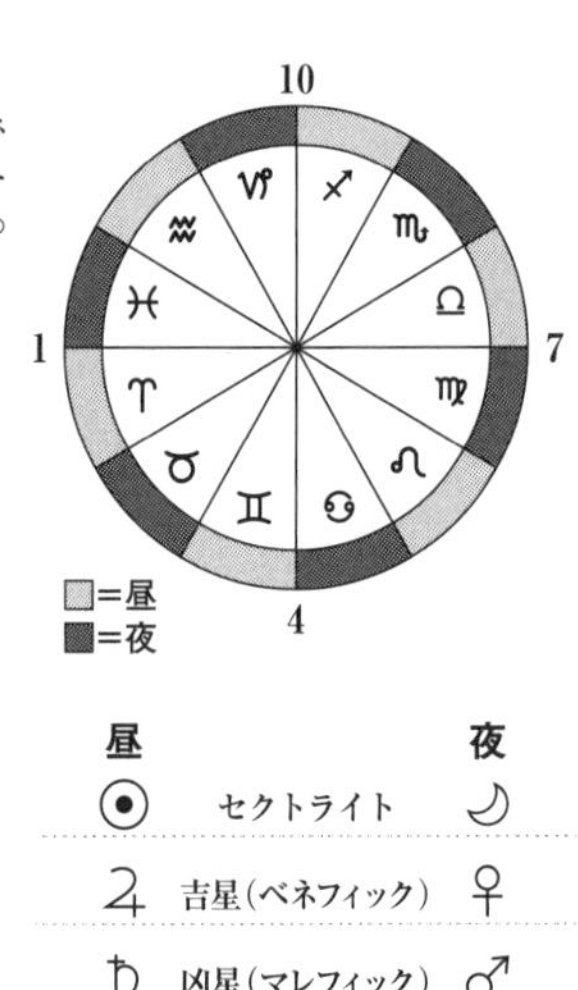

ホロスコープでは、日の出の位置がASCで、日没の位置がDSEなので実際の日照時間を無理やり水平に分けてしまっているので、チャートを区別するときは、ハウスに従い、7室〜12室に太陽があるチャートを昼のチャート、1室〜6室に太陽があるチャートを夜のチャートと簡易的に区別します。

昼のチャートと夜のチャートでは注目すべき惑星や、感受点の計算方法が違ってきます。例えば、古い占星術では、昼のチャートにおいては、その属性を同じくする太陽と木星が最も吉意が高く、その属性が相容れない火星が最も凶意が強いと考えられていました。夜のチャートにおいては、その属性を同じくする月と金星が最も吉意が高く、その属性が相容れない土星が最も凶意が強まると考えられていたようです。

ＰＯＦ（パートオブフォーチュン）の計算方法も昼夜で区別されます。昼のチャートでは、太陽をＡＳＣの位置に持ってきて、太陽からみた月の位置を投影した場所がＰＯＦとなり、夜のチャートでは、月をＡＳＣの位置に持ってきて、月からみた太陽の位置を投影した場所が夜のＰＯＦとなります。

◆支配星（ルーラーシップ）

「不動のもの」と「放浪者」のイメージを理解したうえで、惑星が背後にする星座によって居心地よくしっくりくる場所と、そうではない場所があることを知りましょう。このような星座と惑星の結びつきのことを、支配星「ルーラーシップ」と呼びます。この概念は、ホロスコープ解釈のうえで大変重要

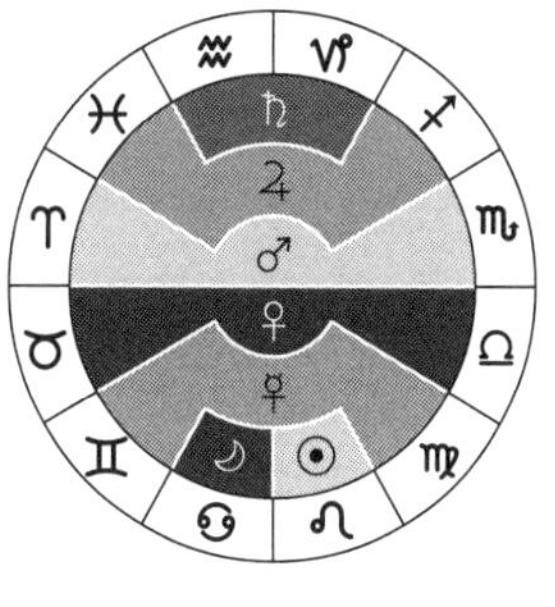

なものなので、相関関係を暗記されることをおすすめします。

　占星術は北半球の青天率の高いエリアで進化と発展をとげました。そのため、太陽がその勢力を最も旺盛に発揮するのは、盛夏にあたる7月か8月です。7月と8月は蟹座と獅子座の時期なので、いずれかのサインが太陽を支配すると考えるのが自然でしょう。蟹座は女性宮で夜の属性、獅子座は男性宮で昼の属性です。太陽は男性的惑星で昼の属性なので、親和性がより高いのは獅子座。よって太陽を支配するのは獅子座となります。


　太陽の位置が決まると、その対となる月は女性宮で夜の属性を持つ蟹座に自動的に配置され、太陽からみて最も緊張感のある180度対向の位置（＊アスペクトの章を参照）に、最も凶星とされる土星が配置されます。月からみて最も緊張感のある180度対向の位置にも、同じように最も凶星とされる土星です。もう1つの凶星である火星もまた、太陽と月からみた180度に続く90度の位置に置かれたと推測できます。

　最も吉意を持つ木星は、太陽と月それぞれからみて、最も吉角度とされる120に。次の吉星である金星は、太陽と月それぞれからみて次の吉角度とされる60度に。最後に太陽と月の両隣に中立な水星が配属されています。

◆惑星の品位（ディグニティー）

支配星（ルーラーシップ）を柱として、惑星の強弱を測る尺度は、他にもいくつかあります。サインと惑星の結びつきによる惑星の居心地を測るシステム全体のことを「惑星の品位（プラネタリーディグニティー）」と呼びます。

ディグニティーの中で最古かつ重要なものの筆頭に「エグザルテーション」があります。エグザルテーションは、ルーラーシップのように惑星が惑星らしさを発揮するというよりは、その位置で「高揚」すると考えられ、盛り上がりのある様相を得ます。例えるならば、ルーラーが本家本元でリラックス状態ならば、エグザルテーションは気の合う仲間と盛り上がっている状態と言えるでしょう。実際に、惑星がそれを支配するサインに位置する状態を「ドミサイル」（本宅におかれた）とよびます。

◆品格の反対側（カウンターディグニティー）

太陽は獅子座にあるとき最もその性質をのびのびと発揮し、月は蟹座にあるときにその性質を最大限に発揮することができるのがドミサイルですが、それぞれが対向のサインにある状態を「デトリマント」とします。

例えば、獅子座の対向のサインは水瓶座なので、太陽が水瓶座にある状態はデトリマントです。蟹座の対向のサインは山羊座なので、山羊座の月もデトリマントです。

エグザルテーションにある惑星に関しても同じように、太陽は牡羊座にあるとき最も興奮し、月は牡牛座にあるときその性質を最大限に肥大させ高められます。そして、それが対向のサインにある状態を「フォール」とします。例えば、牡羊座の対向のサインは天秤座なので、太陽は天秤座にある状態はフォールです。牡牛座の対向のサインは蠍座なので、蠍座の月もフォールです。

惑星が品格を得ている状態の反対側にあることを「品格を落としている」とし、デトリマントは衰弱、フォールは衰退、などと表現されます。その表現自体はそのままでも構わないのですが、その言葉を額面通り受け止めてホロスコープ解釈することは、あまり当て

	ディグニティー		カウンターディグニティー	
サイン	ドミサイル（支配星）	エグザルテーション	デトリマント	フォール
♈牡羊座	♂火星	☉太陽	♀金星	♄土星
♉牡牛座	♀金星	☽月	♂火星	
♊双子座	☿水星		♃木星	
♋蟹座	☽月	♃木星	♄土星	♂火星
♌獅子座	☉太陽		♄土星	
♍乙女座	☿水星	☿水星	♃木星	♀金星
♎天秤座	♀金星	♄土星	♂火星	☉太陽
♏蠍座	♂火星 ♇冥王星		♀金星	☽月
♐射手座	♃木星		☿水星	
♑山羊座	♄土星	♂火星	☽月	♃木星
♒水瓶座	♄土星 ♅天王星		☉太陽	
♓魚座	♃木星 ♆海王星	♀金星	☿水星	☿水星

になりません。特に命術としてのホロスコープ解釈で、人の人生の良し悪しを「弱い、強い」と表現すること自体、基準点が不在のため有意義ではないでしょう。

そもそも惑星の品格は、別のホロスコープと比べるための尺度ではなく、1つのホロスコープ内での惑星の優位性を、そのホロスコープ内の他の惑星と相対的に測るためのテクニックです。なので、他者の品位と比べて一喜一憂することに意味はありません。

さらに、1枚のホロスコープ内での惑星の優位性を測るテクニックは、ディグニティー以外にもありますので、(アンギュラリティーやセクトP.42など＊）デトリマントとフォールの状態を短絡的に悲観する必要はないでしょう。

結論としましては、ディグニティーは、ホロスコープ解釈のうえで、その人本人がどの惑星を「使いやすい」と感じ、どの惑星が意思決定の主導権を握りがちかを見極めるための物差しの1つと理解してください。

品位を読むときの例

もしもある惑星がドミサイルにあれば、その人はその惑星が担う意識を気負わずに自然体で使うことができるため、他の惑星よりもスムーズに扱うことができるだろうし、エグザルテーションにあれば、その惑星が担う意識を扱うと高揚するでしょう。

逆にデトリマントにある惑星を扱うときは、正攻法とは違った方法で扱いがちで、逆張りのような様子を帯びます。例えば「感情」を示す月がデトリマントであれば、その人は感情を自然体で扱うことに抵抗があり、怯えているときに虚勢を張ったり、悲しいときに笑顔を見せたりするかもしれません。

フォールの状態は、その惑星意識が周囲から十分に尊重されていないという感覚を持ちやすく、そこに承認意識が働く傾向があるようです。例えば「愛と喜び」を管轄する金星がフォールであれば、その人はスイーツの写真をインスタグラムにアップし続けたり、過剰に華やかなものを身につけるかもしれず、その結果、ファッションやデザイン業界に身を置くかもしれません。

実際に、火星が天秤座（デトリマント）にある有名格闘家は多いのです。表出傾向としては、オリンピックの公式競技がドミサイルやエグザルテーションで、総合格闘技やプロレスなど、ちょっと特殊な火星の使い方に火星のデトリマントやフォールのイメージです。

このように、人間の行動原理は「衰退」しているからといって、おとなしくそれを引っ込めるわけではないため、やはり天体の品位を持ち出して「弱い・強い」とリーディングすることはできません。人間に限らず、動物だって生存競争の中では、弱点を補うために過剰にそこを補強しようとする運動が起こり、はたから見るとそこが強みのようにみえます。

◆ドミサイル

月蟹座

自分の感覚こそがあたり前だと感じ、喜怒哀楽を自然なかたちで表現。自分とは違う個別の感じ方や体感温度に無頓着になりがち。

水星双子座

アンテナの感度がよく、好奇心の赴くまま膨大な知識にアクセスできます。比較対象や反対意見から目をそらし、偏見する了見の狭さを嫌います。

水星乙女座

整理整頓能力や仕分け能力に長け、それに基づいた分析ができます。曖昧なことや、根拠に欠けることにはあまり理解を示しません。

金星牡牛座

自分の味覚や美意識などのテイスト（趣味嗜好）を絶対的に信じる。醜悪なものや悪意に対して理解を示したくない。

金星天秤座

調和していることと優美であることにエネルギーを注ぎ、偏見やバランスを欠いた行動を嫌悪する。

太陽獅子座

自分らしくあること、素直であること、正直であることに正義を感じる。お天道様に恥じない生き方をしたい。自らを偽ったり、ひねくれたり、嘘をつくことを認めない。（独創性の重要視）

火星牡羊座

自分の衝動や欲求に対する素直さ。ほしい

と思ったものに飛びつくし、直情的に求めるし切り離す。禁欲的他者に無理解。

火星蠍座

怒りや恨みをぐつぐつ煮込むことで思索を深め、いつか見返してやる根性で頑張れる。あっさりした無責任行動に対して憤り。

木星射手座

大きいことはいいこと。高みを目指せば離脱できるかも。遠いところにはわくわくすることがあるはず。セコセコした日常を軽視。

木星魚座

みんないい人。全部許し全部受け入れる。救済からもれることなんて何もないと思いたい。ケチくさい選別を軽視。

土星山羊座

ルールは守って当たり前。秩序と序列があるから社会がまわるという当たり前の感覚。しつけのなってない子どもや大人に容赦ない視線を向ける。

土星水瓶座

自由に伴う責任。謙虚さ。自業自得。すべては己が蒔いた種の結果という感覚を自然に持つ。甘えた態度を容赦なく断罪。

◆デトリマント

月山羊座

情緒という不安定要素の扱いが苦手。「疲れた」「休みたい」「泣きたい」という赤ん坊じみた己の感覚を軽視しがち。感情的な人が怖い。

水星射手座

物事を観念的に、あるいは体系的に全体像を捉えるので、テクニカルなディテールを説明することは面倒。そのあたりは専門家に任せたい。

水星魚座

物事を直観的に、あるいは感覚的に捉えるので、実際の手順や方法論をなぞることは面倒。そのあたりの説明はもっとうまい人に任せたい。

金星牡羊座

戦う美少女。甘えるのは苦手。思わせぶりな態度とかできないからストレートに告白して当たって砕ける。

金星蠍座

悪魔的魅力。ガーリーでスイートな装いは苦手。嫌われてもいいから相手のすべてを愛する。

太陽水瓶座

自分を優先にできない。自分が何をしたくて何が正しいのかなんてわからない。ともすれば人生は空虚なものに思えるが、それでも中道と博愛を生きていく。

火星天秤座

だいたい他人事で怒っていて、自分のために戦うことはまずない。人の権利や公平性が侵害されたときが着火点。自分の権利はなぜか主張しないし、伝わりにくい。

火星牡牛座

簡単に怒る着火点が低い人がとても苦手。怒ったら負け。抗議したいときはサボタージュ（無視、膠着状態、わざと効率を下げる等）で応戦。

木星双子座

おおらかに構える方法がわからず、あくせく動き回ってしまう。偉くなっても現場に足を運ぶ人。選択肢や可能性を広げるだけ広げて、そのどれをも選ばないことも。

木星乙女座

自分が動いたほうが早いし思い通りの結果を得ることができるので、人にものを頼むことが苦手。人任せにできない苦労性の職人肌。

土星蟹座

叱られたり、厳しくされて学ぶことなどないと感じる。抱き癖はついていてもいいし、結局は甘えたい願望が満たされた人が強く育つと思うので、甘やかしてゆこうと思う。

土星獅子座

制限やルールは自由を侵害する要素。ほめて育てたほうが自信を持った子に育つと思う。子どもにはやりたいようにやらせたらいい。

◆エグザルテーション

月牡牛座

自分の経験がすべて。プロフェッショナリティーを尊重。どんな分野にせよ、経験したことのない外野による意見や感想は受けつけません。

水星乙女座

俳句詩吟、大喜利などの言葉遊びが好き。大きさをそろえたり種類をカテゴリーに分類して整理していると脳汁が出る。

金星魚座

「あざとい」「かわいい」を楽しみたい。ブリブリファッション好きだし、異性に媚びて何が悪いの？

太陽牡羊座

人生という戦場を自分の力で勝ち抜きたい。ひらめいたことは何でも即行動に移す。人より飛びぬけたり、目立つことは嫌いじゃないし、周囲の同調圧にも流されない。

火星山羊座

情けは無用、目的のためには手段を選ばず。ブレない実践力。だいたい何のゲームでも得意だしゲームが好き。

木星蟹座

できれば、何でも許したいし受け入れたい。弱者を救済すべきだし、やさしさと愛くるしさは世界を救うと感じる。

土星天秤座

利他的行動は正義。努力すれば機会は平等だと信じたい。メリトクラシー思想傾向。とにかくまじめ。

◆フォール

月蠍座

休養の取り方がわからず、働き続けてしまう。気持ちの切り替えができない。母親的な存在から見捨てられるという恐怖。強烈なコンプレックスをバネに大金を稼いだり、高い地位につく底力を秘めている。

水星魚座

現実にフォーカスしにくい。方向音痴。言葉に虚しさを感じる傾向。その反動からか、すぐれた直観力や動物的感に恵まれる。

金星乙女座

甘え方がわからない。異性に対する苦手意識や根深い恐怖心。その反動からファッション業界や芸術、デザインなどで才覚を発揮する場合も。

太陽天秤座

正義漢の強さと利他的行動が多く、自分を優先にできない性質。努力前提で何事もなされるという感覚が強いため、自分にも周囲にもブラック企業ぎみ。

火星蟹座

怒りの抑制とコントロールがうまくいかない傾向。その場ではがまんして、後になってから別件とセットで怒ったり、怒られた相手に同情しすぎてやけくそ自爆のような奇妙な形で怒りを放出してしまう。普段はそうでもないのに、前に出なければならない場面で、恥ずかしがったり緊張したりしがち。

木星山羊座

努力なしで手に入る幸運などないと感じてしまう。受け身でいることが難しい。棚からぼた餅など落ちてこないから、チャンスは自分から必死で取りに行ってしまう。

土星牡羊座

集中して何かに取り組むことはできるが、それを続けること、つまり忍耐力に欠ける。

鉄は熱いうちに打って、冷めてしまうとどうにもならなくなるため、中途放置のプロジェクトが多い。アイデアと瞬発的過集中を継いでくれる継承者がいると成功しやすい。

コラム

1週間はなぜ7日なの？

1週間が7日という区切り、実はこれには7惑星が関係します。惑星を公転速度の遅いものから順番に並べてみると、土星＞木星＞火星＞太陽＞金星＞水星＞月、となり、これを「カリディア人の順列」とよびます。左右に3つの惑星を従えた中心にあるのは太陽です。

太陽を頂点において惑星を左右に3個ずつ円状に配列して、曜日の順番に惑星を線で結ぶと、このような7角形が出現します。

1日の始まりである日の出の位置（アセンダント）を、その日の曜日とし、日の出から最初の1時間目を曜日の惑星が管轄。2時間目を「カリディア人の順列」に基づいて次の惑星、3時間目をその次……とホロスコープを一周させてみます。

すると、翌日の1時間目は次の曜日になっていることがわかるはずです。

このようなシステムは、天体の品位を測る方法の中では「ターム」と呼ばれるシステムの中に登場しますが、ここで理解してほしいのは、我々が日頃、何の疑問を抱くこともなく当たり前に使っている曜日の単位の背景には、占星術の体系の大本である惑星やその順列が息づいているという事実です。

惑星の公転周期
（プラネタリーサイクルズ）

惑星はそれぞれにユニークな軌道や公転周期を持ち、その周期（サイクル）に同期しやすい意識や事象の比喩として解釈できます。

①公転周期がより速いものは速やかに代謝し日々移ろうものを担い、遅くなるほどに、長期的で普遍的なものを担います。

②また、惑星の公転周期は速いほどに個別性を発揮し、他者と共通しない個性として認識され、遅いほど集団性を帯び、最終的には世代的に共通する性質になるため、運行速度の遅い惑星を自分の性格的傾向と認識しにくくなります。

③最後に、惑星の速度に共鳴しやすい意識が発達をとげる時期というものが、個人差はあるものの割り当てられており、そのような考え方を「惑星の年齢域」と言います。時期の区切り方は諸説あり様々ですが、きっちりと何歳～何歳まではこの惑星と区切るより、幼年期（月）、学童期（水星）、思春期（金星）、青年期（太陽）、成熟期（火星）、中年期（木星）、老齢期（土星）と大まかに分けるほうが解釈しやすいでしょう。

月

冷・湿・夜・女：銀：ディアナ、セレーネ、アルテミス：幼年期

2日半ほどで1つのサインを経過しながらおおよそ28日かけて一周。

母、子ども、魂の器、肉体、心、夜、記憶、愛着、私的領域、耐性、習慣、模擬、癖、大衆性、受動性、保護、休養、移ろいやすさ、不安定

2日半ほどで代謝する意識は、我々の身体感覚やそれに直結する感情活動です。「今日は朝から気分がいい」「お昼はカレー食べたい」などその日によって移ろう領域を月が担います。

投薬の注意書きに必ず書かれている「2～3日服用して症状が改善されない場合は、専門医を訪れてください」という文言は、2日半ほどで移行しないような身体感覚はその領域を逸脱（病的）しているので、専門家を訪れるべきだと促しているのです。

月が担う領域が健全な状態であれば、2日半で次のサイン（テーマ）に移行し、28日たてばすべて入れ替わるのです。皮膚細胞の入れ替わりや生理の周期も28日の周期を持ち、このサイクルは潮の満ち引きとも同期していることからも、身体の多くが水分でできている人の心や体調が、月の周期に左右されることは納得できます。

月は最も速く移動する天体なので、最も個別性が高く、多くの人が自分の性格判断や気分的傾向を月の解釈で説明しようとします。

例えば「私は怒りっぽくて根気がありません」と自称しながら仕事では根気を必要とする大きな成果をあげていたり、社会的信用を得ている人は多いのはなぜでしょう。個人の資質を社会貢献する場合、人はもう少し外側にある公転周期の遅い惑星に意識を同期しながら活動しますが、帰宅して休養するときはいつも月の意識に帰ってきます。夜になれば布団に入って自分の身体感覚と向き合うしかなくなるからです。

解釈

月のあるサインは、その人が自分の性格的傾向（特に欠点として）自覚しやすい特徴でもあり、固有の身体感覚や生活習慣を指します。

月のあるハウスは、その人が最も安心と安全を求め、そこで英気を養おうとする場所であり、同時に不安定で移ろいやすい要素でもあります。そこを日常的にケアすることで健全を保とうとする場所です。

月牡羊座

日常が活気とひらめきに満ち、常に急き立てられるような感覚が張りついている。思いつきを性急に行動に移していないと不安になる傾向。自分のイメージと現実との間にタイムラグを感じて、遅く重い現実にイライラさせられることも多い。素朴で純粋な感性。喜びやすく落ち込みやすい。何かに取り組むとき、火がついたように瞬時に萎（な）えてしまう。それに水をさされると

月牡牛座

おいしいものを食べ、美しいものに囲まれて豊かに暮らしたいなど、単純明快な利己性を持ち、自分の基本的要求（衣食住）を充実させることに素直。芯が強く健やかなので、人の矛盾した感情や弱さに対して無理解になる場合も。ひとり上手でご機嫌。手のかからない子ども時代。自分のペースが壊されることが嫌い。物をなくすことや貧することへの恐れと不安。好色。

月双子座

鋭敏なアンテナを持つ辛辣な感性。簡単に言えば「とがっている」。日常の些細なやりとりで疲弊しやすく、神経が休まらないため一度眠ると長い。おしゃべりで情緒の安定を図ろうとするが、自分のことを話すとなぜか涙目。たとえ家族や身内であっても、人の愛情や好意にあぐらをかくことができない。絶

え間なく警戒し、自分の居場所を確保する必要があると感じやすい。

月蟹座

親切で人懐っこい性質。説明をあまり必要としない直感型人間なので難しいことは嫌い。敏感に人の気持ちを察し、それに影響されやすい。悪い人でも事情を話せばわかってもらえると信じている。添加物や薬品などの異質なものへの恐れ。馴染のある場所や習慣に対する愛着の強さ。何気ない日常の情景などをよく記憶している。声帯模写や物まねが得意。憑依型。

月獅子座

自分の世界を持っており、世相や人に流されない。表面的な部分ではいくらでも人に合わせられるし、そつなく振舞うことができるが、芯の部分で譲れない自分ルールがある。家族や身近な相手にのみ発揮される子どもっぽさ。人の厳しさを「自分に対する期待」と取れる楽観性。無視されたり軽視されると突然不安になる。謎に堂々としていて悪びれない。

月乙女座

合理的生活の追求。人の感情や不条理な営みのすべてを論理的に処理しようとする傾向。無駄を嫌い、有能であることを自他に課す癖。分析的かつドライなつもりが、気をぬくと献身的に周囲の要求に応え続けてしまう。必要とされないことへの恐れと不安。感情論ではなく社会システムとしての救済処置を求める性質。分類や言葉遊びが好き。質素。

月天秤座

食わず嫌いをしない。何でも試してみる。対人面におけるバランス感覚が抜群で、規格外な行動を取る変人ともそつなくつき合える。個性的な人間観察をしてしまう。左右で同じ重さのものを持つなど均整であることに対する脅迫的行動。決断することに対する恐れと不安。少数派（マイノリティー）支持傾向。自分が本当は何をしたいのか見失うことがある。

月蠍座

0か100で考えがち。基本怠惰で、何事に関しても始めるまで時間がかかるが、追い込まれてからのスイッチの入り方が神がかり。常にオーバーワーク（ブラック）。カフェインなど元気の底上げをしてくれるものに依存しやすい。好きな相手に対する当たりのキツさ、つまり愛憎を抱きやすいが、結局は自分が献身的でやさしすぎる問題との闘い。母親的なものへの渇望。

月射手座

高みを目指す理想主義者。そもそもの目標設定が高めなので、劣等感や挫折感がうっすらと張りついている状態がデフォルト。それを忘れるためのお祭り騒ぎを好み、飲み会や旅行、ライブなど現場に足を運んで熱狂できる何かを求める。ただ生きているだけで肯定してほしい。現実社会の残酷さに絶望しやすい。自分ではディベートのつもりがケンカ認定されがち。

月山羊座

心の扱いが独特で、生活にも独自のタイムテーブルを持つ。それを同居人などに合わせる気がないため、結婚や共同生活に不向きと感じる一方で、古風かつ合理的なライフスタイルを目指してしまう。結論を急ぐ。情動的同調圧に絶対に屈しないという決意。野心的な仕切りや。有能。努力目標がないときはゲームに興じがち。目が笑っていないと時々言われる。

月水瓶座

静かな暮らしを必要とし、心かき乱すものを遠ざけ平常心をキープしたい。争いごとも嫌いだが、ドラマチックはもっと苦手。場の平和を保つために多くのエネルギーを使い疲弊。自分の気持ちを列の最後尾に置きがちなので、システムとしての公平を求めてしまう。世界が寝静まった前後の活動にわくわく。目の前の相手よりも遠くの他人に感情移入。堅物。

月魚座

スポンジのような感性と海のような心。凝り固まったものや他者のこだわりに反感を持ちやすく、笑いと涙ですべてを浄化（あるいは台なしに）しようとする。まじめを茶化す。カオスな日常。弱者や異端者への感情移入。詩や音楽への愛。加害者になるくらいなら被害者でいようとする。何でも多めに準備したり買ってしまうが、残ったものを捨てられず困る。

水星

冷・乾・中立・中性：水銀：ヘルメス、メルクリウス、学童期

　おおよそ88日の公転周期を持ち、規則的に三角形の位置で逆行運動を繰り返す。順行中は半月ほどかけて１つのサインを経過。逆行するサインには２ヵ月ほど留まりつつ経過。

言葉、知性、思考、コミュニケーション、技術、情報、流通、通路、回路、移動、アンテナ、繋がり、伝令伝聞、通行手形、鍵

　約半月あるいは２ヵ月かけて次のサインへ移行する水星の軌道は、学童期の三学期制と親和性が高く、月が担っていたその日の気分や体調に左右される領域よりは少しだけ、躾られた時間感覚を持ちます。

　小学生のころ、ランドセルの透明カバーの内側に入れていた時間割。子どもの意識が及ぶ領域は時間割が示す１週間か、せいぜい１学期に課される単元が持つ範囲にとどまります。子どもにとって跳び箱が飛べないこと、逆上がりができないことは万死に値するほどの重みを持ち、単元の課題をこなすことができるかできないかで自己評価が左右されます。

　このときの意識が水星の担う領域で、知っているか知らないか、できるかできないか、持っているか持っていないか、習得しているかいないかが大きな意味を持ち、その領域以上のサイクルを持つ惑星意識については無頓着です。

例えば後に出てくる金星の周期は美醜に対するものですが、学童期の子どもは自分が美しいか美しくないかよりも、跳び箱が飛べるか飛べないか、バトルカードの激レアを持っているかいないかのほうがずっと重要なことのように感じるでしょう。

解釈

水星のあるサインは、その人固有の思考、知性（ノウハウ）や技術（テクニック）の質感を教えてくれます。また、その人が他者と意思疎通するときのコミュニケーションの取り方や、情報収集するときのアンテナの状態も水星があるサインで推測できるでしょう。

水星のあるハウスは、その人が外界につながるパス（通路）の在りかを示し、そのハウスが担う分野において意思疎通がスムーズであることがわかります。また、その分野に対する敏感なアンテナを持ち、情報収集も速やかでしょう。

水星牡羊座

直観的で性急な思考。根拠やソースを調べたり熟考し始めると、最初のアイデアが消えて失ってしまうか、迷い始めるため、先に行動するか発表したほうが精度が高い。粗野で粗削りな言動が、場合によっては挑発的に捉えられるが、本人には悪意も他意もない。造語や自分語をつくり出す。

水星牡牛座

経験的にしか思考が働かないため、自分が体験したことのない事柄や分野に関して憶測でものを言うことができない。基本的に「お前に何がわかる」と経験者以外の言動をはねのけるし、同じように他人の経験に対しても想像が及ばない。口は堅いが話し出すと長い。かいつまんでではなく、すべてを説明しようとする。

水星双子座

感度の高いアンテナを持ち、雑多にあらゆる情報を拾う。拾った情報の選別は後回し。誤情報も同時収集することでのバランス感覚とリテラシーを重んじるため、「結論から言え」とか「結局、何が正しい情報なの？」と問われると絶望。結論の周辺をグルグルおしゃべりしながら考えを整理したり、しなかったり。

水星蟹座

実際にどうかよりも、何が心を動かしたかのほうを言語化。例えば読書の感想はあらすじを述べるよりも、自分がおもしろかった部分や心を打たれた部分を伝え、実感の伴う感想はよく伝わる。心象風景を細やかに記憶し、何度でも再現できる。他者の視点や思考に感銘を受けやすい。習い上手で、興味のあることはどんどん吸収できる。

水星獅子座

おしゃべりではないが、言動にインパクトがある。思考の流れで発見があれば、そこに特別なものを読み取り、出来事をマジカルに捉える。隠し事や悪口を嫌い、手の内をすべて説明しがち。結果、言わなくてもいいことを言ってしまうことも。大げさな表現で人を驚かすことを好む傾向。

水星乙女座

分析的思考の持ち主。表現の正確さにこだわりが強く、議題のすり替えや情緒的偏見に憤りを感じる傾向。誤字脱字が嫌い。自他の言動を文字通り受け取り、それ以上でもそれ以下でもないとしたい。行間はあえて読まない主義。行間を読むくらいなら、絵文字やスタンプで心を記号的に表現するほうを選ぶ。

水星天秤座

他愛のないおしゃべりは嫌いではないが、込み入った話題になると、それを言われた人への影響を考えて言葉を飲み込んでしまいがち。少数派の立場から物事を考える癖。相対的に思考を組み立てるので、比較対象が少ないことに対して意見を求められたり、決断を迫られると困る。自分のことを話すとき他人事のように話す。

水星蠍座

うわすべりな会話は苦手。核心に触れる話題にしか興味がないのかもしれません。人から本心や秘密を引き出すのがうまい。まず自分の汚い部分や素の感情をテーブルの上にチラ出しして相手を油断させ、ディープな内情を吐露させるテクニック。結果多方面から裏事情や秘密情報が集まってくる。

水星射手座

哲学的思考。抽象的あるいは観念的なものの言い方をしがち。文化的背景や民族性を超えて通用する共通認識を組み立てようとする。つまり広範囲をターゲットにしすぎた言動をとるため、主語が大きく具体性には欠けるが、普遍性はあるかもしれない。挑発的言動の多さ。ディベートは強い。

水星山羊座

率直かつ極めて具体的な言動。事実だけを述べるので会話に広がりがないが、目的があるときはそれが叶うまで繰り返し言葉にするため、洗脳的効果がある。議題が逸れない。何か知りたいことや調べたいことがあるときは、最短でソースに繋がるための手段をとろうとするので、専門家に直接聞く。

水星水瓶座

誰とでもフランクに対話する。子どもや老人に対して口調を変えない。過去に捕われたり、恨みを抱くことをよしとしない未来志向を持つが、人の痛みがわからない理想主義者ではない。根底には厳しい思想を持つが、攻撃的な口調ではない。根底にやさしさがあるが突き放すような論調。つまり中道思想。

水星魚座

カオスな思考。言葉にできない部分に重きを置くため、言葉に置き換えにくいことを表現したい。結果、文章では伝わりにくく、音楽などの別の表現を求めることも多い。雰囲気で語る。他者の言葉を受け取る場合も文字通り受け取らず、行間を読んだり、言葉の背後にあるものに耳を傾ける。他者の考えと自分の考えの境界線が曖昧。

水星☿の位置から読み解く三種類の太陽星座

水星は地球よりも太陽に近い位置を周回する関係から、太陽のある位置から左右にそれほど離れることはなく、最大離角が28度程度です。そのため、太陽と同じサインに水星を持つ人も多く、離れていたとしても前後のサインまでに留まることとなります。

水星が太陽サインと同じという人は、太陽サインの特徴とその人の思考や言動が一致するため、表現（☉）と言動（☿）の足並みが揃い、太陽サインのカラーが強調されます。

同じ太陽サインには共通したムードがあり、熟練してくると姿や振る舞いから「この人は○○座に違いない」と感じる経験は、占星術家には多いと思いますが、あるサインに特有のムードが数パターンあることに注目し、水星のサインでそのパターンを分けてみました。

太陽星座と水星の関係

⊙牡羊座

- ☿**魚座**：ふわっとした不思議ちゃん発言連発の宇宙人タイプ
- ☿**牡羊座**：歯に衣着せぬ直球発言「王様は裸だよ！」な牡羊座
- ☿**牡牛座**：口数少ないが話し出すと長い、パントマイムや身体で表現するおもしろ人間

⊙牡牛座

- ☿**牡羊座**：マニアックでわりととがったことを言う牡牛座
- ☿**牡牛座**：のんびりマイペースで寡黙な牡牛座
- ☿**双子座**：説明の多い牡牛座

⊙双子座

- ☿**牡牛座**：オタクトーク炸裂の双子座
- ☿**双子座**：ソリッドなツッコミを炸裂させ続けるスピードタイプ
- ☿**蟹座**：どんな話題にもついていくる、超聞き上手

⊙蟹　座

- ☿**双子座**：おしゃべりで人懐っこく、頭の回転の速い蟹座
- ☿**蟹座**：物静かで、シャイ。やさしーい蟹座
- ☿**獅子座**：ドラマクイーンで、目立つ、話題の中心をかっさらう蟹座

⊙獅子座

- ☿**蟹座**：「ねーねー、聞いて、聞いて」な獅子座
- ☿**獅子座**：「よくてよ」「くるしゅうなくてよ」となぜかアントワネットな獅子座
- ☿**乙女座**：数学的センスや地図好き、簡素できれいな文体の獅子座

⊙乙女座

- ☿**獅子座**：ざぁます口調でメガネが似合う乙女座
- ☿**乙女座**：必要最小限の情報を簡素に扱うが、丁寧な対話が美しい乙女座
- ☿**天秤座**：欠点を正確に見抜き、痛烈に裁く乙女座

⦿蠍　座

☿天秤座：腰は低いが隙をみせない、低姿勢なのに目が笑っていない蠍座
☿蠍座：秘密主義でセクシーな蠍座
☿射手座：辛辣なビッグマウス、ちょっと暑苦しい蠍座

⦿射手座

☿蠍座：刺さる言葉を陽気に投げかけるスナイパーな射手座
☿射手座：話がどんどん大きくなる射手座
☿山羊座：学者か教授みたいな射手座

⦿天秤座

☿乙女座：賢く正義感が強いのに、反省ばかりしている天秤座
☿天秤座：でしゃばらなくても誰とでもそつなく話せる天秤座
☿蠍座：マイノリティーを代弁する情報屋。ちょっと弁護士な天秤座

⦿山羊座

☿射手座：国際的視野を持ったインテリ山羊座
☿山羊座：歴史と経験を語る山羊座
☿水瓶座：人気集めがうまいポリティカルな山羊座

⦿水瓶座

☿山羊座：革新的な視点で世の中をディスるラッパーな水瓶座
☿水瓶座：俯瞰で物を言うニュートラルな水瓶座
☿魚座：ぶっとび発言が、なぜか愛される水瓶座

⦿魚　座

☿水瓶座：弱きを助け、強きをくじくフェミな魚座
☿魚座：瞳で語る魚座
☿牡羊座：涙目で前へ前へと出る、頑張り屋な魚座

金星

冷・湿・夜・女性：銅：ヴィーナス、アフロディテ：思春期

愛、美、調和、バランス、ハーモニー、快楽、音楽、喜び、装飾、スイーツ、かわいい、「いとおかし」

おおよそ225日の公転周期を持ち、地球の公転周期との比が224.701……365.2425…で単純な整数比に近いため、地球の周期との接点に美しい図形が形成されます。その図をバラに例え、美の象徴としての金星を後押しする要素と感じる人も多いでしょう。

1年弱で代謝する意識は、美意識と相関性があるように感じます。例えばコスメやアパレル業界では、まだ寒くコートがいるような時期に春物をいっせいに展示して、冬物を在庫セールでたたき売りします。そのとき、どんなにお買い得であっても、冬物は色あせてうつり、まだ寒くて着る機会を持たない春物はキラキラと魅力的にみえるでしょう。コスメも、自分に似合う色は決まっているはずなのに、季節がめぐり1年弱たった頃には、秋の新色を去年のものを使い切らないうちに買ってしまう。

金星が持つリズムは、より普遍的で骨太（火星や土星）なものを求める層から

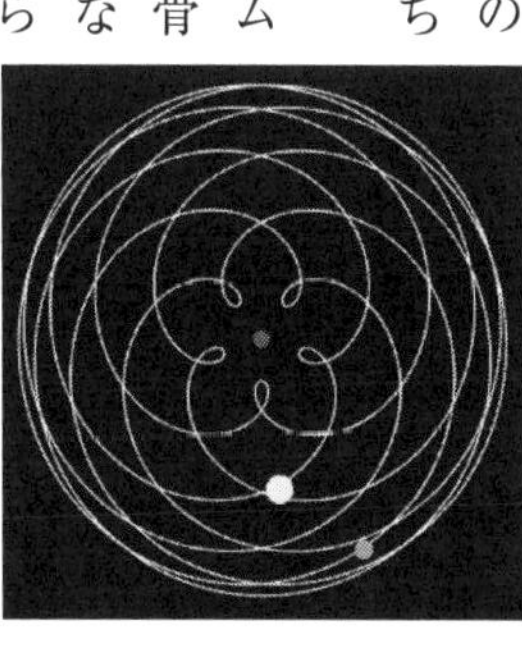

みると、いわゆる「ミーハー」に映り、「にわか」などと揶揄されることも多いのですが、乙女心は1年持たない儚さゆえにみずみずしい美を称えるものです。

金星はまた、周囲と調和するエネルギーを担い、場の空気を読んでそつなく振る舞う協調性とも関係があります。水星の管轄にある初等教育の学童期には、逆上がりができるかできないか、どれだけ速く走れるか、でその人の価値が決定づけられたようにみえたものが、金星の管轄にある思春期に差しかかったとたんに、そんなことより容姿が端正であるかや、どれだけ多くの人に愛されているか（友達が多いか）のほうがずっと大事なことにみえる価値の移行が起こります。

金星の支配力が高まると、美しくない自分は生きる価値がない、愛されないなら死んだほうがいい……という特有の価値観の中を生きるため、空気を読んで倒れるまでトイレ（生理的要求すなわち月の要素）を我慢するような事態も起こりえます。

このように、惑星の意識は、公転周期が短いものほど短絡的なので、それ以上に時間をかけて周回する惑星の意識からみると、御しやすいものとして下位に収まります。

解釈

金星のあるサインは、その人が持つ特有の魅力、甘え方や楽しみ方、どんな美意識を持つかなどを示します。

金星のあるハウスは、どのような分野に楽しみを見出し、どこで美意識を発揮させるかを教えてくれます。また、金星があるハウスが示す事柄に対して、その人は調和を求め不調和を避けようと働きかけるでしょう。

金星牡羊座

素朴な魅力を持ち、磨けばもっと輝きそうな可能性を感じさせる。積極的に愛してゆくスタイルで、相手からのアプローチが待てずにジタバタしやすい。直情的な愛ゆえの冷めやすさ。攻撃的なファッション。戦う美少女っぽさ。甘え下手。品薄、激戦になりやすい商品に魅力を感じる。

金星牡牛座

そこはかとなく、しつけのよさや育ちのよさを感じさせる。坊ちゃんお嬢ちゃん的魅力。気持ちいいこと、おいしいこと、買い物、など快楽的なことを素直に楽しむ肉体派。愛情表現は受け身で、強引なアプローチはしないが、一度手にした人や物は手放したくない。結果、本来は尽くされることが好きなのに、相手の言いなりになりがち。

金星双子座

シャープで機知にとんだ魅力の持ち主。服装や持ち物には一か所エスプリの効いた笑える要素を取り入れたい。やり取りの中で愛を育むので、相手の出方しだいで気持ちが急激に冷めたり熱したりと不安定。分刻みに愛を確かめたくなる。Lineのやり取り頻繁。マメさで愛を勝ち取るスタイル。雑誌やカタログ好き。

金星蟹座

天真爛漫な魅力の持ち主。よく笑う。好きな物事に対して直情的に反応し、「好き好き好き好き」感をストレートに表現する。不愉快なものや苦手な事柄は深入りせずにスルー。細かく愛くるしいものを箱庭的に配置したい。また、同じような形態のものばかりを集めて並べたり、馴染の店に通いたい。

金星獅子座

ありのままで飾らない魅力の持ち主。特に何もしなくても謎に存在感があり、人から覚えられやすい。立場などで相手によって態度を変える人に不信感を抱きやすく、条件つきの愛は認めない。ほめられると無条件にうれしい。買い物では、高価でもいいものを長く使いたい。一点豪華主義。

金星乙女座

シャイな少女（少年）っぽい魅力の持ち主。自分で好きなものが何かわからない傾向にあり、人のプレゼンや相手からのアプローチにほだされる形で好きを楽しむスタイル。無駄なものが増えることを嫌がり、買い物は必要最低限のものだけをそろえたい。清潔で片づいた環境が整っていないと楽しめない。

金星天秤座

嫌味のない洗練された魅力の持ち主。誰からも愛される要素をバランスよく取り入れた立ち居振る舞い。好きな相手には自分から積極的に懐いてゆくが、関係性の最終決定は相手にゆだねたい。音楽や快適な空間を愛し優雅に暮らしたいが、贅沢や絢爛はよしとせず。ケンカや不機嫌など調和を乱すものを恐れる。

金星蠍座

マニアックな魅力の持ち主。じわじわ後効きの中毒性ある魅力。好きな対象にはとことん関わろうとし、その分「愛」が「愛憎」の様相を帯びやすい。自分は愛されないという思い込みに取りつかれるときがある。物をもらうのが苦手なのは、等価交換の感覚を持つから？　盛り上がるとオールしがち。

金星射手座

転校生のような魅力の持ち主。どこか浮世離れしていて世俗に染まらない要素を持っているところを魅入られる。悪く言えば浮いている？　好きな相手や物を追いかけているときは夢中だが、手に入って急激に関心を失いがち。距離なしアプローチには逃げ腰。輸入雑貨や多国籍料理好き。

金星山羊座

清楚な魅力の持ち主。しっかり者で頼れるムードを持ち、お姉さん（お兄さん）ポジションに立たされがちだが、抜けている部分もある。告白は率直、かつ素早いので勝率はかなりよいはず。機能美を愛するため、工具や道具などハード面でオーバースペックなものをそろえがち。趣味は形から入るタイプ。

金星水瓶座

中性的な魅力の持ち主。子どものころは大人っぽく、年取ってからは子どものような振る舞い。つまり年齢や性別などに与えられたイメージに応えず、中道の美を目指す。友情から恋に発展するタイプ。悩みを聞いてあげながら隙間産業を狙う。どちらかというとショッピングよりも断捨離のほうが楽しめる。

金星魚座

守ってあげたくなるような魅力。透明感があり可憐な様子の人が多い。モテる。イメージを都合よく投影されて思い込みを募らせた相手から執着されることがある。それに困ってはいるが、相手が求める様子に応えてしまう癖がある。売れ残ったものや、ちょっと傷がついたものなどを持ち帰るときがある。

太陽

熱・乾・昼・男性：金：アポロン、ヘリオス：青年期

父、王、中央、意図、意志、目的、公の顔、創造の源、表現、価値あるもの、輝き、才覚、能動性

太陽は、1年でホロスコープを一周し、1つのサインを1ヵ月で経過するという当然ですが暦（こよみ）通りのリズムを持ちます。暦とは、人間が文明生活の中で他者と共有できうる共同幻想のような1つの枠組みで、王朝の切り替わりで暦が改められるというパラダイムシフトが成されることもあります。

太陽は、公転周期においても7惑星の中心にあり、惑星の子としての人間存在の核を担います。（コラム「1週間はなぜ7日なのか」

参照）

７つの可視惑星と、近代に発見された３つの不可視惑星にはそれぞれ、月、水星、金星の個体差を管轄する「個人惑星」、太陽（アイデンティティー）、火星、木星、土星の個人の資質をどのように社会に還元するかを管轄する「社会惑星」、天王星、海王星、冥王星の世代間で共有する共通理念を管轄する「世代惑星」に分けることができます。

太陽は、個体差を示す三つの惑星を社会につなぐ中心的位置にあります。月は自分特有の生活習慣や心の癖からなる身体感覚や感情活動、水星は自分固有の考え方や外界とつながるためのテクニック、金星はその人固有の楽しみ方を示し、それはその人の魅力となります。

これら個人惑星たちは、乳幼児期から学童

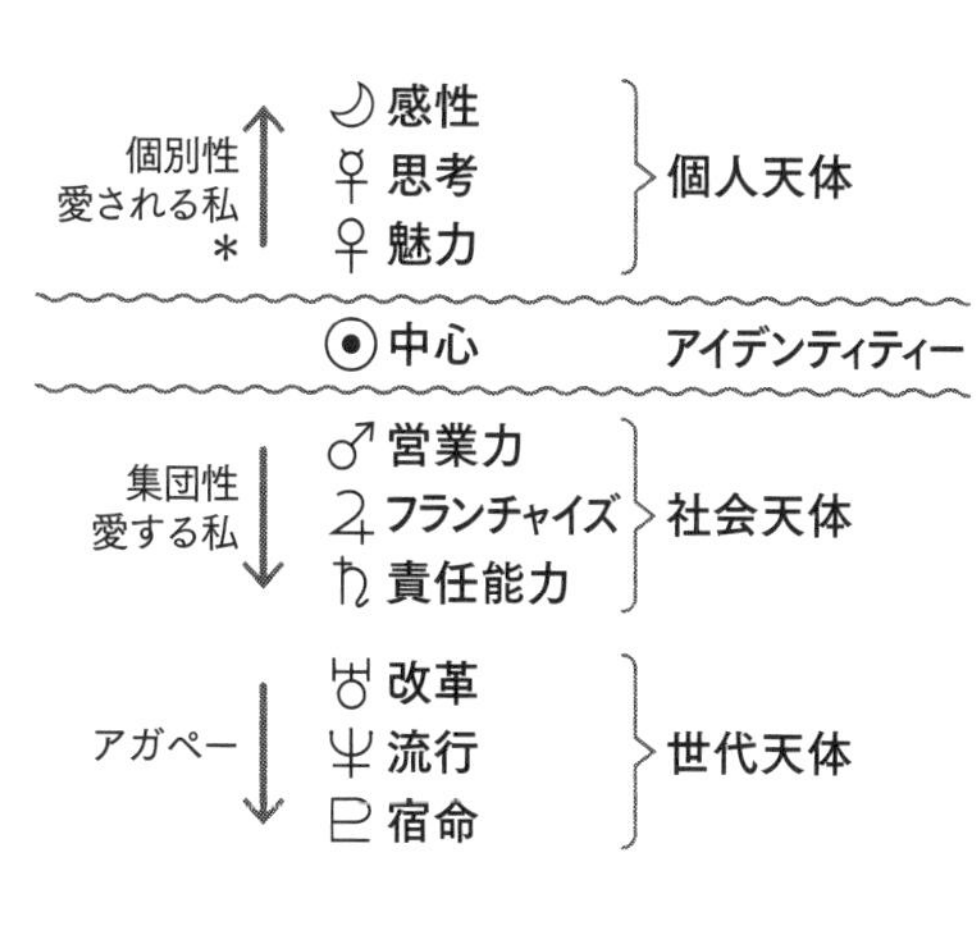

期、思春期に発達する意識と関連していて、どこに自分の軸を持ってきても、外から評価されることで価値が決定づけられる自分像です。

乳幼児の幸不幸は、母親からどのように愛されたかに左右され、学童期は、テストの点数や成績評価によって自分の価値が高くも低くもなった。思春期は思春期で、どれだけ美しく、どれだけ多く他者と調和し愛されたかで生きる価値を測ってしまい、「ブスだから死んだほうがいい」とか「愛する人に振られたから生きている意味がない」という自分で自分の人生をどうすることもできない他力本願な自己像の中に閉じ込められます。

個人3惑星と太陽との間には大きなギャップがあり、太陽という自己（核）と出会うまでの世界である月と水星と金星の意識は、暗闇で迷子の子羊のようなものと言えます。

太陽は、自分が何者であるかのアイデンティーの在りかです。「私は大工です」「私は占星術家です」といった自分は何者であるかを示すのが太陽なので、人から「あなたは誰ですか？」と尋ねられたときに返答するものは、だいたい太陽が示すものとなります。名字を名乗る人はそれですし、状況によっては国籍や性別を名乗るときもあるでしょう。たいていの場合は何で生計を立てているかで自己表明しますので、太陽は公的顔全般を、月は私的な顔をと役割分担することもできます。

写真を撮るときにどのように映るかも太陽

です。太陽の意識が十分に開発されていない人は、集合写真などを撮るときに、真ん中に立たされることを極端に嫌がったり、写真に撮られることとそのものに抵抗を感じたりするものです。

月から金星までの世界から無事脱出できて太陽の意識へと移行できた場合、人生の舵取りは自分のものとなるので、どのような方向へ舵を切るかは自分しだいとなり、老いて醜くなる（金星からみると万死）ことも、成績が悪かった（水星からみると無価値）ことも、母から愛されなかった（月からみると最大の不幸）ことも、目的地に至るための必須条件ではなくなります。愛される自分から愛する自分へとパラダイムのシフトが起こるからです。

太陽の意識に至った後は、自己をどのように社会へと還元するか、自分の才能を効率的に活かす場はどこかを考えながら、火星の営業力、木星のフランチャイズ、土星の責任の能力へと移行してゆきます。*個人天体を「愛される私」、それ以降を「愛する私」と表現したのは松村潔さんです。

解釈

太陽のサインはその人らしい生き様を示し、どんなふうに自己表現し、どのように人生を創造するかを教えてくれます。

太陽のハウスは、その人が才能を発揮する分野、どんな場所で注目を浴び輝くかを示します。また、太陽が在泊するハウスが示す分野と関係の深い職種につく人も多く、そうしている人は創造的かつ主体的に仕事に取り組むことができるという幸運に恵まれ、成功しやすいでしょう。

太陽牡羊座

誰も踏み込んだことのない新開地を切り開くパイオニアとしての生き方を目指す。孤立することを恐れずに、自分ならではの表現を用いたい。見切り発車。初めてやるときに最も輝く。うまくいっているようにみえても、そこに慣性が働いていているとみなすと引退を意識。ケンカ上等。戦うことはやぶさかではないが、耐え忍ぶことは勘弁。

太陽牡牛座

豊かで美しい生き方を目指す。時代にも流行にも流されない独特のカラーを持つ個性派。動じない乱れないケンカしないマイペース人間。動かざるごと山のごとし。おいしいものを食べたとき、一流のものを手に入れたときに最も輝く。うまくいっているようにみえても、見苦しい醜いとみなすと引退を意識。

太陽双子座

吟遊詩人のような生き方を目指す。流れ者だが、季節になれば移動遊園地やサーカス団のようにフラッと戻ってくる。つかず離れずの距離感で輝く。言葉の乱れ打ち。引き出しの多さ。トリックスター。うまくいっているようにみえても多様性を失い、ひとところに捕えられていると感じると引退を意識。

太陽蟹座

自分の要求に素直な生き方を目指す。人気者。主人公気質。普通が一番難しくて一番尊い。家族大事。シャイで排他的。突然不安になる。慈しみの心。大切なものを守っているときと、何かを育成しているときに輝く。うまくいっているようにみえても、心が伴っていないと感じると引退を意識。

太陽獅子座

裏表なく、自分を偽らず、公明正大な生き方を目指す。何でも自分のやり方（自己流）でやりたいので、小うるさく説明されることが苦手。正義漢。ドラマチックな表現。来るもの拒まず去るもの追わず。唯一無二感に価値を見出す。うまくいっているようにみえても、そこに後ろめたさや裏黒さがあると引退を意識。

太陽乙女座

自己完結した生き方を目指す。職人的でありたい。有能でありたい。簡素な表現。システマティックなことを好み、非効率的なことを嫌がる。隙間家具などをピタっと空きスペースに収めたときに輝く。手土産が喜ばれたときも輝く。うまくいっているようにみえても、だれかの迷惑になっていると感じると引退を意識。

太陽天秤座

オープンで対等な生き方を目指す。当たって砕けろ精神。人を選ばない。左右対称フェチ。偏りを嫌うバランス感覚からか、マイノリティー（少数派）に加担しやすい。人から相談されると相談者に肩入れせずに、そうではない側の立場を解説しがち。うまくいっているように見えても、偏見や不公平があると感じるときに引退を意識。

太陽蠍座

マニアックな生き方を目指す。興味の対象や関わった事柄をとことん突きつめたい。表面的な事柄よりも、物事の裏側や真髄に何が隠されているかを追求。秘密主義だが嘘は嫌い。才能への渇望。オールオアナッシング。愛憎。うまくいっているようにみえても、そこに嘘があると見抜くと引退を意識。

太陽射手座

超人的な生き方を目指す。肉体的あるいは物理的なこと全般を足かせと感じ、人生に浮遊感を求める。肉体を酷使。高いところが好き。精進したい。人生の序盤は遊び人（あるいは反社会的）で後に出家しがち。意味を求める。実はまじめ。うまくいっているようにみえても、上達しないのなら引退を意識。

太陽山羊座

着手したことを極めて頂点を目指す。孤高の人。大義名分や大きな目的のために私情を捧げることができる。不言実行。目的のためには手段を選ばず。政治的に動ける。意外なことに自分のユーモアで笑いをとることが一番大事だったりする。ちやほやされたいし賞賛されたい。責任感が強くて憂鬱。カリスマ性。うまくいっているようにみえても、結果が出ていなければ引退を意識。

太陽水瓶座

中道を目指すストイックな変人。世界平和を本気で望む。理想主義だが楽観主義ではない。生まれや育ちの不公平をみとめ、機会の平等を求める。自分を後回しにする癖。列の最後尾に並ぶ。分け隔てなく関わる。独特の着眼点、逆張りともいえる。うまくいっているようにみえても、だれかの権利を脅かしていると感じると引退を意識。

太陽魚座

直観的な生き方を目指す。不思議ちゃん。嫌だったことを手放すために水に流し、浄化するために許したい。ゴミのように無価値なものに価値を与え、高価なものを解体してやろうとする。行間を読む。見えないものに親近感を抱く。箸にも棒にもかからぬものをすくい取りたい。うまくいっているようにみえても、そこにやさしさがないなら引退を決意。

火星

熱・乾・夜・男性：鉄：マルス：成人

闘争心、競争原理、積極性、活力、欲望、意欲、熱意、熱狂、怒り、暴力、けが、ケンカ、腫れ、炎症

おおよそ2年かけてホロスコープを一周する火星。ですが、その軌道は楕円なので、近地点（地球から近い位置）を経過のときと、遠地点（地球から遠い位置）を経過のときとで、一つのサインを移動する時間に大きな差が生じます。速やかに経過しているときは、一つのサインを1ヵ月ほどで経過し、逆行運動しながら長く留まるときは、半年以上同じサインをうろうろすることもあります。

火星は経過する場所を熱し、熱量がある場所では喧騒や炎上が勃発します。そのため、もともと潜在的に持っていた要素を表面化させたり、出来事の「引き金」を担うことも多く、未来予測法(トランシットリーディング)などで火星の運行を読むことで、事件を予測しやすいのです。

出生図における火星からも、その人がどのように熱狂し、どういった分野に多くの熱意を注ぐかを知ることができ、人は情熱を持って関わることに関しては、怒りますしケンカもします。火星といえば、怒りや事故を示す「凶星」と、解釈するのが通説ですが、そういった凶事の根幹には純粋な「熱意」があるだけで、それ自体には良いも悪いはありません。

火星は、意欲を司るセンターでもあり、性欲、物欲、食欲、筋力、など男性ホルモンのテスタテストロンのような働きをします。これらの欲求が活発であることは、悪い作用ばかりではなく、出世意欲や行動力、決断力、社会性といった活力を持つということですから、火星を下手に抑え込むことをせず、スポーツや労働で発散させたほうが得策でしょう。悪く働くと、暴力衝動や反社会的行動につながるのもまた火星の特徴です。

さて、月から金星までは、他者の評価軸だった自己像が太陽（核）に至り、人生の舵を自分で握りました。それは自分が何者かを表明した輝かしい瞬間で、そこから人生は創造的なものとなります。自分が何者かを表明すると、今度はそれを売り込むステージに移行します。社会に才能を還元するためには、他よりも自分が強いこと、優れている点を表明することも有効でしょう。

自分が大工であれば、「A社よりも私のほうが仕事が速くて丁寧です」「B社よりも安く請け合うことができます」といった、競争原理の中で火星は自分を押し出す力を与えてくれます。人を出し抜く力や、積極性、自己主張も火星をうまく使わないと発揮できません。

解釈

火星がどのサインにあるかで、どのように怒り、どんな攻撃スタイルを持つか。また、どんなふうに熱狂するかを知ることができます。

火星がどのハウスにあるかで、どこで熱くなり、どんな分野に情熱を注ぐか。意欲的に取り組む分野。また、どのようなエリアで争いごとを招くかを知ることができます。

火星牡羊座

電光石火の攻撃は先手必勝スタイル。自分が怒ったり攻撃しているという自覚がほとんどないほどのびのびと火星を発揮できるので、笑顔かつ物静かな様子で、切れ味のある攻撃を繰り出す。着火する理由の多くは「遅すぎる」ことに対するいら立ち。沸点の低さ。瞬間的に熱を上げるが持続はあまりしない。つまり飽きっぽい。

火星牡牛座

じわじわ外堀から固めてゆく長期戦。相手が不利になる証拠集めや、裏取りをきっちり取りたい。基本怒りたくない。怒るくらいなら距離をとったり離れたりする。自分の美学や譲れないこだわりを侵されたときは、抗議する意味で怒る場合も。基本、熱を上げた対象には強烈な所有欲と独占欲を発揮するタイプ。

火星双子座

敵に先手を打たせてからの乱れ打ちスタイル。基本的に肉体派ではなく言葉攻め。理屈攻め。一打一打は強くないが、やり取りの中でヒット&アウェイができるので、相手を翻弄させることができるテクニシャン。反撃を待つ癖があるので、反応がないと怒りを引っ込めてしまい、しかも落ち込む。情熱の矛先は多岐多頭で飽きっぽい。

火星蟹座

我慢を重ねた後に怒りを爆発させるので、はたから見ると突然感情的になっているように捉えられてつらい。しかも、我慢しているつもりだった時期の怒りも顔や態度に出てしまい結局、不機嫌がばれている。そもそも何に怒っていたのか見失いがち。熱意を注ぐ対象に同化したいという願望を抱き、真似る。

火星獅子座

やましいところを謝罪か自己開示後、開き直り鉄壁スタイル。公明正大であれば何も恥じることも怖がることもないという揺らぎなさで戦うため、善悪の概念が通用しない心情論になると対応に困る。熱を注ぐ対象を励まし応援することを好み、それを楽しみながら継続させる方法を知っている。

火星乙女座

論破は得意だが、闘争心が希薄。状況を細かく分析しながら、矛盾点や脆弱な箇所をあぶり出して、そこを突くスタイルで他者を出し抜く。仕事の丁寧さと抜かりなさが売りなので、その分疲弊するため、他を押しのけてまで積極性を発揮しにくい。熱意を抱いた対象を細かくファイリングなど記録をとる癖。

火星天秤座

誰かの代弁で激怒しがち。不公平やアンバランスが争点になりやすいため、法に訴えでもしないかぎり解決しにくい傾向。結果、多くの場合怒り損。攻撃するときは自分も傷つくスタイルのもろ刃の剣。熱意を抱く対象は、ピンポイントではなく、その周辺全体に広がり、相関図を楽しむ傾向。

火星蠍座

基本的に怒りを原動力に多くの偉業を成しとげるスタイル。怒りを表面化させることはめったにない。燃料を保存する感覚で怒りを貯めておいて、なまけ心が出た時や人生に行きづまったときはこの貯金で活力を得る。熱意を抱く対象には、献身的かつ長期的にエネルギーを注ぎ続ける。

火星射手座

ゲーム感覚の攻撃スタイル。戦略的動きは楽しめるが、愛憎のもつれ込みをとことん嫌がるため、そこで永遠の平行線になりがち。言ったこと、やったことを元に次の手を組んでも、行間や言葉にならない心理が相手の悪手を誘発することにフラストレーションを感じる。追いかけているときは熱狂的だが、手中に収まると距離を置きたくなる。

火星山羊座

狙った獲物は絶対に逃がさないし、勝つための手段を選ばないという点でブレることがないので勝率はかなり高い。というか負け知らず。問題は目的意識がないときで、この場合の戦力は果てしなくゼロに近い。熱意を持って関わる事柄全般に結果を出そうとするので、いつのまにか義務？

火星水瓶座

直接対決して他者と競い合うより、人より努力することで結果的に上を陣取る方向で頑張る。敵は自分のなまけ心。反体制的。権利が侵害されると戦う。平和を乱されないために戦う。極端な情熱を注ぐ対象はあまりないが、広くまんべんなく長期的に取り組むことはある。古参プロ級の趣味。

火星魚座

信じているもののために戦う。信仰心（思い込み）と信仰心（思い込み）の対立によってスイッチが入る。ここで折れたら、自分が信じているものが無価値になるという意地。直感の正しさを証明したい。情熱を注ぐ対象は、一般的に価値がない（あるいは存在しない）とされているものであることが多い。

木星

熱・湿・昼・男性：錫：ゼウス、ユピテル、中年

幸運、チャンス、拡大、発展、善なるもの、戒律、道徳、インフレーション

約12年かけてホロスコープを周回する木星は、一つのサインをちょうど1年かけて移動します。木星は、暦としての軸である太陽と等しく、円の12分割を根幹とするホロスコープの主人公と言えるでしょう。木星―太陽―月を、ホロスコープという時計の、短い針―長い針―秒針のイメージで捉えることもできます。

10年一昔といいますが、占星術や十支の大きな単位は12年となります。木星は全知全能の神ゼウスに例えられ、チャンスや幸運をもたらす大いなる存在としてホロスコープを周回します。どのサインにも12年に一度は拡大と豊作のときが訪れるので、それまで虎視眈々と英気を養えばいいと考えれば希望が持てますね。

木星は社会的天体の一つと考えて、火星→木星→土星で理解する場合、火星は営業力、木星はフランチャイズ力、土星は責任能力と考えてもいいですし、月から火星までを個人の利益のために働くスケールとし、木星と土星はそれ以上の集団において働く二つの要素と考えてよいでしょう。

木星は恩恵で土星が試練です。あるいは、木星はチャンスで土星は努力目標です。（占星術家の松村潔氏は、木星は拡大で土星は縮小、木星は飴で土星がムチと表現しました）。

実際に太陽系における木星と土星は、一対となって巨大な重力を発生させ、以内の惑星たちに隕石が激突することから守る構造を持っています。

解釈

木星のあるサインは、その人が善意の解釈を与えがちな様子や、どのような様子に対して寛容さを発揮するかを教えてくれます。また、どんなふうに甘やかし、野放しにするかも木星のサインで解釈できますが、木星のサインに対してそれが自分の個性だと意識することは難しく、「知らず知らずに発揮しているおおらかさ」程度の認識でよいでしょう。

どのサインに木星があるかの解説がピンとこない場合は、自分のそういう部分を意識的に取り込むことで木星力を開発するようなイメージで読んでください。

木星のあるハウスは、その人がのびのびと広げる分野、頓着しない場所です。ハウスが示す事柄は自然と増えていきます。また、どのような分野に対して寛容さを発揮し、その結果、そこからチャンスが舞い込んでくるかを知ることができます。

木星牡羊座

多少仕事が雑でも速いことは正義。まず行動することをよしとし、それによって失敗したり損害を出してもよい経験だと考える。一番乗りで名乗りを上げた人を優遇。単独行動で群れを乱しても許す。

木星牡牛座

贅沢で豊かなことはよいこと。よく食べよく寝るなど、基本的要求に素直で抑制しない。何でも多めに買う。自分のテリトリー意識が高く欲張りな人を優遇。独占することで不公平が生じても許す。

木星双子座

「ホウレンソウ（報告、連絡、相談）」は正義。情報を交換することはよいことなので、告げ口や軽口は許す。リモートワークなど個人の能力を還元する方法の多様性や距離感を優遇。

木星蟹座

甘やかすことはよいこと。気持ち優先。私情や体調を優先することを許す。「かわいそうだから」「かわいいから」優遇する。悩みや事情を相談してくる人にチャンスを。社会的弱者優遇。

木星獅子座

自分を中心に置くことはよいこと。目立つこともよいこと。正々堂々としている人を優遇。隠し事は許さないがわがままは許す。各々が最も輝くためのチャンスを与えたい。手作り品など唯一無二感（レア）があるものが増えてゆく。

木星乙女座

基本的に物が増えることにも、関わりが広がることにも抵抗があるため、木星力を少し特殊な方法で発揮。細かくてかさ張らないもの、収まる場所のあるものに関してのみ許容。人との関係性においても、物質においても、まずどこに収納するかを考えてから、取り入れる。雇用を増やして無理のないシフトを組みたい。工具や道具など機能的なものは増えてもよい。

木星天秤座

つき合いが広がるのはよいこと。規格外な相手との交友に対してどこまでも寛容。来るもの拒まず去るもの追わずの姿勢で何とかなる。決定権は相手にゆだねる。結婚や交際にLGBTなど多様性を歓迎。

木星蠍座

深入りすることはよいこと。好き嫌いが激しいのはそれだけ真剣だという証なので、中途半端よりはよい。極端性に寛容。才能を愛し、出る杭は打たない。オタクにチャンスを。やられたらやり返す復讐は仕方ないこと。

木星射手座

大きいことはよいこと。広いことはよいこと。足りないよりは余るほうがいい。教育の機会、留学のチャンスなど見聞を広げるきっかけを子どもたちに与えたい。意見の対立や哲学の相違に寛容。

木星山羊座

結果が出ないことや無目的な行動を「無駄」と決めつけやすいため、木星力の発揮が特有。有能なものにチャンスを与えたいので、スカラシップ制度推奨。ダブルセーフティー、ダブル認証コードなど最悪を想定したシステムが多様化することはよいこと。陰暴論は否定しない。

木星水瓶座

波風立てぬことはよいこと。事なかれ主義。各々のやり方に口出しせず野放し。未来を切り開くための投資。富の分配。世襲制を嫌い、努力が報われるシステムや、頑張った者に与えられるチャンスを増やしたい。規格外のものに寛容。

木星魚座

許すことはよいことだ。誰にでも失敗はある。互いに迷惑をかけ合って生きていけばいい。世間一般が見捨てたり敵対視するようなマイノリティーにチャンスを与えたい。何一つ捨てたくない。

土星

冷・乾・昼・男性：鉛：クロノス、サトルヌス、老年期

威厳、制限、限界、境界線、区切り、時間、老い、憂鬱、苦悩、苦労、権力、規則性、骨格、こわばり、冷え、アウトライン、ルール、コンプレックス

およそ29年かけてホロスコープを周回する土星は、2年半ほどかけて1つのサインを経過します。土星は肉眼で観測できる惑星の中では最遠にあり、近代になって天王星、海王星、冥王星が発見されるまでは7惑星の最終にして最長老的位置にありました。

最遠に位置する土星には、古くは「死」のイメージも与えられており、近代になってそれが冥王星にとって代わったことはあまり議題に上りませんが、死のイメージを引き渡した後の土星（近代的土星の解釈）は、形あるものの最終というきらいがあります。

人が100歳まで生きたとして、29年の周期を持つ土星は人生で3周ほどしかしません。半周するのに14年、4分の1を経過するには7年です。

惑星の周回を4分の1ずつで区切る理由は、角度が0度↓90度↓180度↓270度（起点からみて90度）360度（起点に戻って0度）となり、後のアスペクトの章で説明する強い影響を持つ位置に該当するからです。

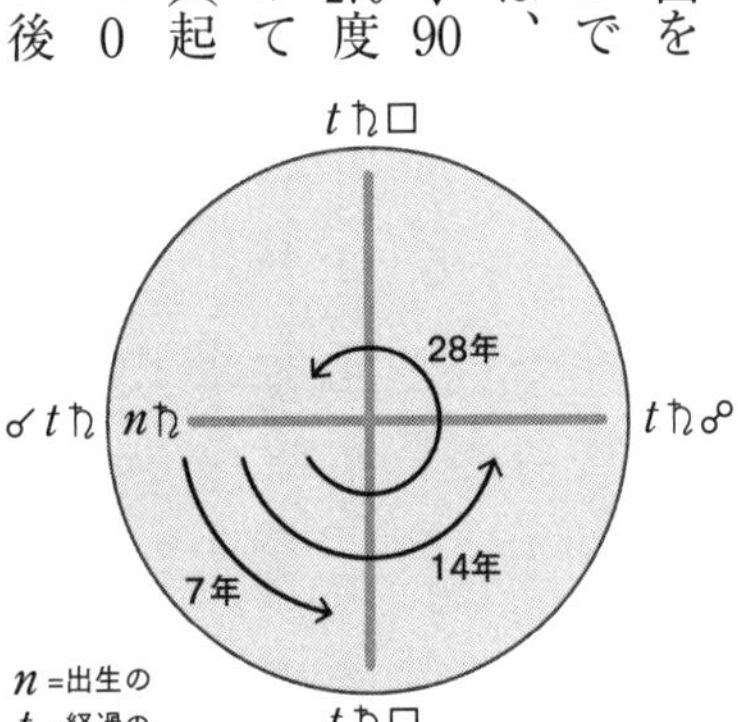

物事の枠組みや骨格を担う土星が7年ごとに刻む周期は、人間の成長と骨格形成にシンクロしやすいため、例えばシュタイナー派の

サイクル論を使ったバイオグラフィー・ワークというメソッドにもこの周期が用いられているそうです。

ホロスコープにおける「7年サイクル」は、この本では扱わないプログレス（進行法）の月とも同期しており、やはり成長過程を7年ごとに区切って分析することは有意義に思えます。

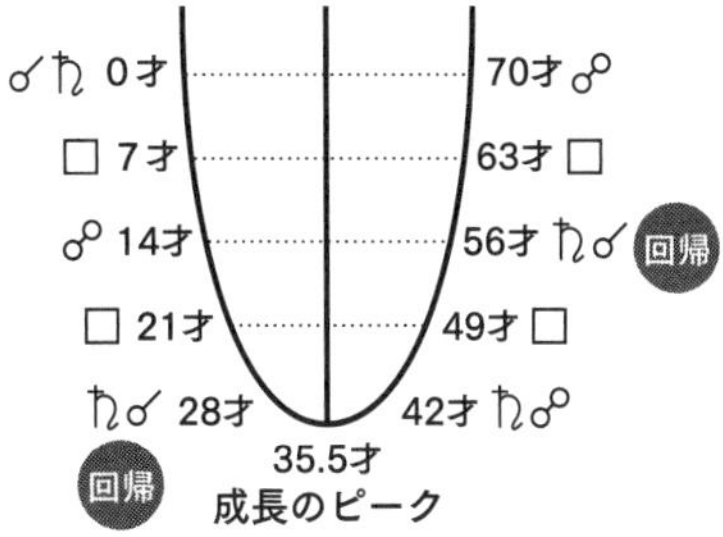

この図では、35・5歳を成長のピークとし、そこから折り返す42歳、49歳、56歳……をそれぞれミラリングの位置にある28歳、21歳、7歳……に対応させ、ミラリング位置にある年齢に受けた成長に伴う心身のトラウマを解消する時期と考えます。

例えば、14歳から21歳までにたいていの女性は初潮を迎え、男性は精通があります。この時期とミラリングされた位置に該当するのは、49歳から56歳となり、これは更年期から閉経までの時期です。身体を持って生まれた以上は、直面せざるを得ない成長と老い、それから何より「時間」という枠、それが土星です。

冷たく乾いた性質は、身体感覚に当てはめ

ると老齢期のそれと親和性があり、また憂鬱（メランコリー）と関連づけられます。土星を支配するサインである山羊座と水瓶座は、冬至から立春にかけての最も寒い時期にあたり、節々が固まり、冷え、乾いてゆくことによる不作と老いのイメージも土星そのものです。

解釈

土星があるサインは、その人がどのような苦手意識を持ち、どんな様子で努力目標に取り組むか、またどんな「べき」「べからず」を発動させるかを教えてくれます。憂鬱の様子もサインです。

土星があるハウスは、その人がどのような分野にコンプレックスを抱いたり、不足を感じて過剰な補償を求め努力するかを教えてくれます。また、どのような分野に対して長期的に取り組むかを知ることもできるでしょう。土星のある位置は、ホロスコープの中で最も骨太な場所でもあります。

＊自分の太陽サインや月サインと同じ土星のサインの箇所を読むことで、自分の人生の努力目標や陥りがちなコンプレックスを理解することができます。例えば、太陽が蟹座生まれであれば、土星がそこになくても「土星蟹座」の項目を確認してみてください。月も同じように、例えば月が水瓶座にあるなら、「土星水瓶座」の項目を水瓶座に土星がない人も確認してみてください。実際に土星があるサインと合わせて、努力目標を立てると人生をより自分が望む方向へ実現される力がつくはずです。理由は、惑星の品位（ディグニティー）において、土星は太陽と月を支配するサインと反対側にあり、いわば太陽と月の影のようなロールが与えられていて、そこを克服することから得られる利益は多大だと考えることができるからです。

土星牡羊座

火がついたように、猛然と頑張るが、持続性には欠けるところあり。とはいえ、鉄を熱いうちに打って強度を高めるタイプなので、猛然と取り組んでは放置し、また思い出したように取り組むスタイルで何とか結果を出す。先陣を切ることを苦手とし、孤立することに恐れを抱きやすいがそれを克服しようと自分を律するため、人の甘えた行動や慣れ合いに苦々しい思いを抱きやすい。

土星牡牛座

無理のない範囲での努力を長期的に継続させるタイプ。チートデイ大好きすぎて結果を出せるまでに途方もなく時間がかかる場合も多々あるが、「継続は力なり」を地で行き諦めることはない。才能やリソースに不足感を抱きがちで、不十分であるという思いを乗り越えて頑張っているので、「ブスだから～」「頭悪いから～」などの言い訳に対して苦々しい思いを抱きやすい。

土星双子座

絶え間なく神経を研ぎすませながら隙を狙う努力を重ねるので、努力に伴う神経の摩耗が激しい。そのため、集中的に努力できる期間は短く、断続的に気を逸らしたり本題からズレたりの寄り道行動が多い。飽きっぽさを指摘されることもあるが、寄り道期間の収穫は多い。知識不足や技術不足を感じやすく、資格取得などに多大なエネルギーを注ぐため、調べもせずに「教えて」な行動に憤りを感じやすい。

土星蟹座

基本的に努力は苦手で、つらいことは避け

て生きていければ一番いい。努力よりは我慢（忍耐）のほうが得意。我慢は、愛する人や生活を守るためなので、自分を高めるためとか向上心とかを煽られても無理。家族や身近な関係を大切にしなければと多くの犠牲を払っているため、自分最優先で周囲への配慮に欠ける勝手な行動をとる人に対して、驚きと憤りの入り混じった複雑な感情を抱く。

土星獅子座

我慢したり規制することによるメリットを感じにくく、基本的には、みんな好きなようにやればいいと感じる。我慢（忍耐）よりは努力のほうが得意。でも、努力も楽しくできるに越したことはない。ありのままの自分でいてよいという感覚を持ちにくく、それを乗り越えるために自信を持つ努力をしているため、簡単に「私なんて……」と自己卑下する態度に苦々しい気分を抱いてしまう。

土星乙女座

自分に求められているサービスを提供するためのきめ細やかな努力。完璧主義ではないが、少なくともケアレスミスは駆逐したい。努力の方向性がだれかの迷惑になっているかもしれないという恐怖を乗り越えられず挫折することも。自己完結しなければという思いの強さから、人を頼ることを避け、頼み事をせずに頑張っているため、無責任にやり散らかす人をみると憤りを感じてしまう。

土星天秤座

基本的に努力は報われるという感覚を持つ。

この感覚が行きすぎると、無意識に人の失敗や挫折は「努力不足」とみなし根性論に傾倒しやすい。自分のスタート地点は決して平等ではなかったという思いが強く、容姿端麗や親ガチャに（家庭環境に）恵まれた層が結果を出せずにいるとモヤモヤしてしまう。自分の怠けやすさや努力不足に対して、必要以上に自責の念を抱く傾向も。

土星蠍座

負荷やプレッシャーはかかったほうが底力を発揮できるタイプ。努力というよりは、忍耐することや耐久度に自信あり。とことん調べたことや熟知したことじゃないとアウトプットできない。自分は中途半端で、何一つ極めたことがないというコンプレックスを抱きやすいため、よく知りもしないことを吹聴したり、にわかに玄人ぶっている人を目の当たりにすると、苦々しい気持ちを抱いてしまう。

土星射手座

目標設定が高すぎて常に怠けているという罪悪感が張りついたようにそこにある。あれもこれも足りないという不足感と、必要なものはすべてそろっているという万能感を行ったり来たり。勉強不足と自身の了見の狭さをコンプレックスに感じやすく、度量を広くしようと頑張っているため、他者のせこい振舞いや無知を目の当たりにすると「自分の勉強不足を棚上げするな」と憤ってしまう。

土星山羊座

やりたいことよりも、得意で結果を出せることを伸ばそうという、極めて効率的な努力目標を持ちやすい。そのため、次々に結果を出し、それなりに評価されることは最低限のラインとなる。そこからプラスアルファあるかどうかを考えることもあるが、天武の才能には勝てないとドライに割り切る場面が多い。自分探しや才能に夢を抱きあがく人をみると、苦々しい思いを抱きやすい。

土星水瓶座

努力しているという意識なしに、常に岩にしがみつくように積み重ねている状態。全身がこわばっている。瞬発的な頑張りで周囲を出し抜くより、絶え間なく頑張ってきた結果、気がついたら高い位置にいるイメージ。一夜漬けや、目先のことに対する努力は苦手。外野に「頑張れ」と言われるとモヤモヤ。最悪の事態を常に想定しながら動く傾向。平常運航がうっすら鬱傾向。

土星魚座

忍耐力という意味ではかなり高く、人並外れた努力ができる一方で、痛みや苦しみにめっぽう弱い繊細さを共存させる。苦しい状況に置かれたとき、そこから抜け出す努力が苦手で、ともすれば耐え忍ぶほうを選びがち。献身的すぎる傾向。心を鬼にして手放す努力と、自分が悪者になることを厭わないよう心がけているため、いい人ぶって残酷なことをしている他者に対して、苦々しい思いを抱えてしまう。

天王星

ウラン：ウラヌス：就労や社会的責任から解放された後の隠居生活期

革命、改革、独立、発見、突発的な、事件、進化、革新的な、斬新な、突破口、風穴、ブレークスルー、分断、改造

１６９０年フラムスティード、１７８１年ハーシェルの観測から１８５０年ごろにかけて、太陽系第7番目の惑星として定着した天王星。その公転周期はおおよそ84年にも及び、一つのサインを7年ほどかけて経過します。

１７８１年イギリスの天文学者ウィリアム・ハーシェルによって観測された天王星発見当初は、6年間にも及んだアメリカの独立戦争がヨークタウンの戦いにて勝利を収めることで終止符を打った年です。その数年後のフランス革命からの人権宣言、ヨーロッパ各地で同時多発的に起きる産業革命と新エネルギー資源の広がりなどを経て、１８５０年ごろにはヨハン・ボーテが提案した「ウラヌス」という名称が定着したと言われています。

エネルギー資源の進化は輸送手段を飛躍的に速め、産業面では大量生産を可能にしました。移動手段の加速化は、それまで崩すことができなかったカースト的富の占有にブレークスルーを与える決定打となります。石炭の動力が蒸気動力になり、もっと先には石油などの化石燃料から原発へとグローバル化は進化し、そのたびに人類はパワーバランスを再構築し続けました。

近代のインターネット化は人類に「どこでもドア」をもたらし、コロナ禍による強制的な追い風がいよいよ領土のローカリティーに縛られない新しい価値基準をもたらしたと言えます。

天王星の解釈には、その発見当時から定着

トランスサタニアンの扱いと意味の由来

天王星を始め、近代になって発見されたトランスサタニアン（天王星、海王星、冥王星）は一つのサインに長期間留まりますから、同世代間で共通のサインを持つことになり、個人の性質として解釈するためにはハウスを用いる必要があります。ハウスは生まれた時間によって同世代であったとしても様々だからです。

さて、近代になってから発見された惑星の占星術における役割と意味づけはどのように与えられるのでしょう。それ以前にまず、観測される（発見される）とは何かを考える必要があります。人は自分の意識の中にない概念を発見することはできません。例えば時間という概念のない子どもに、時計を発見することはできないので、「あなたの通っている保育園に時計はありますか？」と子どもに訪ねたところで、壁にあって毎日、目に入っているはずの時計があったかどうか答えることはできないでしょう。また、インフラのパイプが埋め込まれている壁や天上の出っ張りも、その役割が明確ではない人にとっては意味をなさないでしょう。

意識の芽生えと発見の因果関係でわかりやすいのは、例えば盆栽にまるで興味がなかった人物が、あるとき友人の誘いで植木市に行ったことをきっかけに手頃なものを一つ手に入れて、そこから少しだけ盆栽に関心を持ち始めたとします。それまで毎日通勤で素通りしていたご近所さんの庭にすばらしい盆栽があることに、その後初めて気がつき感嘆することでしょう。

この考えを突きつめると、卵が先かニワトリが先かわからなくなるのですが、大宇宙(マクロコスモス) と小宇宙 (ミクロコスモス)が照応関係にあること自体、どちらが先かわからないのでさておき、新惑星の発見は、その時期、人類に芽生えた新しい意識とシンクロ(連動)しているはずと考えてみましょう。

ここに合意できた人は、天王星 (海王星、冥王星) が発見され第七惑星と認定されるまでの時期に人類はどのような意識の芽生えと進化をとげていたのかを知ることで、外惑星が担う意味を推測できるという因果関係に納得してくれるはずです。

までの時代背景を反映させ、革命、革新的技術、ブレークスルー、など前世代的なものを覆す要素が盛り込まれることとなります。

解釈

天王星のサインは、同世代間で共有するところとなり、その世代が前世代的な価値観に対してどのような態度をとり、どんな反骨心を抱き、どのような様子で風穴を開けるかを教えてくれます。天王星の解釈には一つ前のサインとエレメントから抜け出すための要素を読むと理解しやすいでしょう。例えば一個前のサインへの反発と脱出のイメージは、次のように循環します。

火（衝動とインスピレーション）↓**土**（それを形に落とし込む）↓**風**（断捨離、ローカリティーから自由になりたい）↓**水**（根なし草にねぐらを）↓**火**（同調圧にNo！自分らしさを取り戻せ）↓**土**（自分らしさを表現する場をつくろう）↓**風**（エージェントやプロダクションから脱出）↓**水**（インディーズ音楽好き♡）↓**火**（期待されたイメージからの脱却、新しい表現を見つけたる）↓**土**（いいですね、それ売ってみません？）↓**風**（コピーして無料で配信したるわ）↓**水**（惚れてまうやろ♡）↓最初に戻る

天王星のハウスは、その人がどのような分野に対して、開拓心と改革魂をみせるかを教えてくれます。またどのような分野に対して

独特な取り組みをみせ、技術革新をもたらす可能性を持っているかもハウスでわかります。

天王星牡羊座

やさしさとか、あいまいさとかいらない。ケンカ上等。自己犠牲と言わずに、自分のために生きる。勢いで変えていこう。前例のないものをつくっていこう。

天王星牡牛座

イメージと思いつきだけで突き進むのよくない。ちゃんと手元に残さなきゃ意味がない。無茶するの嫌い、優雅に美しく生きたい。実在主義万歳。ゆっくり変えていこう。

天王星双子座

物が多すぎると自由に動けないよ。成金趣味とかダサい。持ち家とかメンテ大変だし賃貸でいいわ。多様性みとめてこう。"Like a rolling stone"

天王星蟹座

いろいろ言うけど……ねぐらがないと人生しんどくない？　共通の属性を持った者同士集まれるコミュニティーをつくっていこうぜ。自分を守るための組合とかも必要だよ？

天王星獅子座

親族や同調圧に気を使うの嫌。自分の人生は自分のもの！　みんなが輝ける方法を考えていこう。談合とか後ろ暗いことは全部暴いて制裁したほうがいいよ。

天王星乙女座

各々が勝手なことばかりしていたら効率悪

すぎる。適材適所に配置してシステムを改善して生産性あげていこう。食品に税金をかけるのやめようよ。地産地消いいね。ベーシックインカムどうですか？

天秤座天王星

最適化は万人に応用できなくない？　違った立場それぞれが対等の権利を有しているかが問題なのよ。夫婦別姓、ＬＧＢＴ＋みとめていこう。

天秤座蠍座

多様性とか行き過ぎてみんな孤独になってない？　きれいごととかいらない。生きている以上、互いに迷惑かけ合うのは当たり前。相手を変えたいなら自分も変わらないと無理だよ。何でもいいけど、やるならとことんやってみてその先に何が見えるかだ。

天秤座射手座

ローカライズされたルールとか、マナー講師とかいらない。そもそもマナーとは人を不快にさせないことを出発点としていることを再考すべし。善行とは何か？　もっと視野を広げてグローバルな価値観を取り入れていこう。

天秤座山羊座

自由に伴う責任の所在なくして真の自由なし。リーダー不在のまま好き勝手するのはただの動物園。誰が責任をとるのか、10年20年先を見据えたシステムと補償を考えたい。

天秤座水瓶座

権力を握った層が弱者から搾取する構造、

トップだけがおいしい思いをする縦社会にノー。富の再分配と機会の平等を。

天秤座魚座

努力が報われるのはよいことだけれど、努力できるのも才能なのでは？　メリトクラシー（能力主義）って本当に平等なんだろうか？　真の福祉とは？　弱者救済についてまじめに考えたい。

海王星

石油：ネプチューン、ポセイドン：生と死の間、ゆめうつつ、バルドー（中間生）

夢、幻想、捉えどころのなさ、目に見えないもの、無意識、集合意識、社会不安、あいまいさ、境界線をぼやかす、期待感、失望、まやかし、うそ、流行、景気

公転周期は約165年、一つのサインをおおよそ14年ほどかけて経過。

海王星は、太陽系において唯一経験的観測でなく数学的予測によって発見された惑星。海王星はその存在を定着させるまでに紆余曲折があり、また様々な天文学者や数学者から観測されては誤解されるという経過をたどった惑星です。

おそらく最初の観測は１６１３年頃、かのガリレオ・ガリレイによるものであると言われています。だとすれば何と天王星発見以前に、海王星は一瞬その姿を現していたことになります。ガリレオは木星と会合する海王星の姿を偶然認めたのですが、そのとき逆行運動前後の留（ステーション）状態でほとんど動きがなかったため、木星の衛星の一つだと勘違いされたとされています。

それから200年以上後の1846年にフランスの数学者ルヴェリエ→イギリスの数学者アダムズ→ドイツの天文学者ガレら三か国の関与を経て、海王星は正式に太陽系第8番目の惑星となるのです。そこには国家間や大人の都合による思惑や主権争いがあったことは想像に難くないでしょう。

海王星はその発見と定着までのプロセスにおいても、その姿は容易には捉え難く、人の期待と失望をかき立てる存在だったのです。海王星が発見される前後の時代背景もまた、それとリンクするものだったと言えると思います。

例えばアヘン戦争、アメリカ大陸における西部開拓とゴールドラッシュ、マルクスによる「共産党宣言」、ナポレオンの活躍、日本では黒船の来航などが挙げられますが、これらの出来事に共通する社会不安をベースとした集団幻想は、海王星が持つ意味と結びつけられます。

解釈 **海王星のサイン**は、同世代が共有する夢です。どんな流行、どんな景気、どんな種類の集団幻想を抱いていたかと関係がありそうです。海王星はまた、社会不安や集合無意識の領域を担うため、それらが反映されやすい金融の上下やその時代特有の犯罪の傾向を示す場合もあります。

個人の資質としてサイン的特徴を指摘されてもピンとこない人も多いかもしれません。その場合、個別性の強い月や太陽、アセンダントルーラーが、

海王星と強いアスペクト（角度）をとっていれば、その影響が色濃く人生に影響を与えるでしょう。海王星が個人天体にアスペクトしている人は、その時代のトレンド（流行）という大波に乗りやすいため、時の人として流行りすたりの波に飲み込まれやすいと言えます。つまりヒットメーカーやタレントの資質を持つという解釈もできます。

海王星のハウスは、どんな分野に夢を抱き失望するか、どんな分野で騙されやすいか、どんなエリアがカオスになりやすいかを教えてくれます。海王星の在るハウスは、きちんと管理し難かったり、とっちらかりがちなエリアでもあるため、その分野が示す犯罪にも注意が必要かもしれません。

海王星牡羊座

革新的なものが好きな世代。何だかわからないけど、前例のないものには期待感を抱いてしまい、そこにチャレンジすることは夢があることだと感じる。行動することが大事で、それに伴う失敗や損失には頓着しない傾向の無鉄砲世代。せつな的、短絡的かつ突発的な犯罪傾向。戦闘力を競って頂上を目指すよう

なストーリーが人気。

海王星牡牛座

物質的繁栄や豊かさに対する夢を共有する世代。生まれながらの資質や才能に対する幻想があり、英才教育や隠されたアビリティの発掘に期待感を持ち続ける。個性的で華美なものが流行る傾向。根底に個人的美意識を反映した犯罪傾向。シンデレラストーリーが人気。

海王星双子座

根なし草、吟遊詩人のようなライフスタイルに夢を抱く世代。背負わないヒーロー。ヒーローは1人ではなく、アベンジャーズやポケモンのように能力別に多様に存在するという世界観。言葉巧みな詐欺や作為的犯罪傾向。

ラップバトルなど言葉の応戦が人気。

海王星蟹座

家族の在り方や、小さなコミュニティーに対する夢を共有する世代。共通の関心事や性質を持った者同士が集まって楽しくやれるのではないかと期待する。初期のＭＩＸＩのような紹介制で、訪れると足跡がつくような関係を好む傾向。家族間あるいは組同士の愛憎のもつれによる犯罪傾向。ホームドラマが人気。

海王星獅子座

個人のスター性や脚光を浴びる機会に夢を抱く世代。踊ったり歌ったりの表現を好み、様々な分野に賞レースやバズる機会があったら楽しいなと考える。ティックトッカー的世界観に居心地よさを感じる。カリスマ性、承認欲求を動機とした犯罪傾向。オーソドックスなヒーロー像が人気。

海王星乙女座

効率のよい生産性に夢を抱く世代。純粋な動機からくる善意や役に立つ行動とは何かに思いを馳せ、人の「気持ち」といった曖昧なものに左右されないセーフティーネットを確立したい。システムの盲点を利用した犯罪傾向。冷静で無表情な主人公、緻密な探偵や匠な推理ものが人気。

海王星天秤座

一期一会の出会いに夢を抱く世代。凝り固まった組み合わせではなく、斬新なパートナーシップ、例えば一夫多妻、別居婚、夫婦別姓、同性婚、スワップなど様々な組み合わせにわくわく。噂や多重婚など交際を拗らせた訴訟問題や不公平に絶望したことを動機とする犯罪傾向。変わった組み合わせの恋愛ものが人気。

海王星蠍座

変身や変容、メタモルフォーゼ願望世代。何かにとことん没入した先に別の自分に出会える、という幻想を持ちやすく、「にわか」を軽視する傾向。限界の先に何かがあるはずという期待感。ストーカーなど執着を拗らせた犯罪傾向。極限体験を乗り越えて変態を繰り返してランクアップするヒーローが人気。オカルト人気。

海王星射手座

超越的であること、何かを習得して悟りの境地まで達することにロマンを抱く世代。超人願望。この山の向こうにあるもの、エキゾチックなものにわくわくしてしまう。ハイジャック、密輸、法の手が及ばない場所への高跳びなどのスケールが大きい犯罪傾向。海外ドラマ、修行もの、転校生ものが人気。

海王星山羊座

成功と繁栄に夢を抱く世代。強いリーダーに憧れと期待を抱き、そういった立場にある人に完璧を求め、それを裏切られると失望する。目標を持ってそれに向かって努力すれば結果を出せるという幻想。経歴や履歴を偽る詐欺、政治的動機を持った犯罪傾向。サクセスストーリーが人気。

海王星水瓶座

人類の進化と世界平和に夢を抱く世代。真の平等とそれに伴う責任について思いを馳せ、ベーシックインカム、あるいは共産主義や富の再分配などにも魅了される傾向を持つ。つまり物質主義からの脱却に期待と失望。ネット詐欺や仮想通過がらみの犯罪。理想郷（パラダイス）を描いた作品が人気。

海王星魚座

癒やしやスピリチャルに夢を抱く世代。現代科学や医学で解明できなかった人間が持つ潜在的可能性や霊的目覚めなどに期待感を持つ。信じるものは救われると思いたい。福祉やボランティアによる救済。不条理な事件や、社会的弱者に絡んだ犯罪傾向。不思議ワールドや海にまつわる物語人気。

冥王星　プルトニウム：ハデス、プルートー：死期

死と再生、破壊と再建、漆黒、ボイド、ゼロ、リセット

公転周期は約248年におよび、一つのサインを経過する長さのバラツキは大きいが、単純に12分割すると21年ほどでサインを経過することになる。余談ですが、天王星：海王星：冥王星との数字比が偶然にも、7年：14年：21年となり、これは土星の7年周期とも一致していることに神秘を感じてしまいます。

冥王星は1930年アメリカの天文学者クラウド・トンボーによって発見されて以来、2006年までは太陽系の9番目の惑星と認識されていました。冥王星はカロンと呼ばれる巨大衛星を持ち、二重天体としてくるくると相互に回転するため、発見直後は実際よりも大きな直径を持つように観測されたようです。しかし後に冥王星の実際の直径が、小惑星や木星の衛星程度かそれ以下しかなく、惑星と呼ぶことに異論が唱えられ、長期にわたる論争を経て矮惑星、あるいは準惑星などの位置づけとなり最終的に小惑星番号が与えられました。

冥王星の発見とその後の経過は、当人のサイン一周を待たずに、半周程度（蟹座から射

手座まで）で決着がつくこととなります。

第9番惑星から小惑星へと格下げされることによる冥王星の占星術的意味づけや解釈は、どのように理解すればよいのでしょう。惑星が担う意味は、その発見のプロセスと発見当時の時代背景、または惑星の軌道や特徴などによるものだということは、コラム（P.102）で説明しました。

アメリカのごり押し的な後ろ盾を持つ冥王星は、その定義に疑問が投げかけられてから長期間にわたりその座を守ることとなります。発見前後の1930年頃は、世界恐慌から第二次世界大戦勃発までの重要な時期を網羅します。

当時、ヨーロッパ全土にファシズムが蔓延し、思想統一や言論統制が成されていました。こういった圧政は、ひとりのカリスマが力を持ちすぎることによるものではなく、大衆が力を持ちすぎたことによる、少数派弾圧の波が人権を飲み込むことによる暴挙であったことが冥王星の意味に強く関わっていると私は考えています。冥王星は、個別性を殺す集団的強迫観念だと解釈しているからです。

スペインの哲学者オルテガは、その著書である「大衆の反逆」で、細分化した近代科学を担う多くの専門家を危険視し、個人の良心にはもはやコントロールできない暴徒化する力に警笛を鳴らしていました。

この時期、ヨーロッパ、ナチスドイツ、アメリカ、ソビエトなどによる宇宙開発や兵器開発が盛んにおこなわれ、マンハッタン計画以前の核開発の元となる仮説の数々はまさに１９３０年を起点としているようです。

最終兵器として「死のイメージ」を一手に握っていた核兵器は、近代のある事件をきっかけにそのパワーバランスを失うことになります。２００１年9月11日の同時多発テロです。これを機に事実上冷戦時代は幕を閉じ、次のステージに人類の意識は移行したのではないかと私は思います。

事件直後は、それまでのパワーバランスに依存していた各国の抑止力は機能していたようにもみえますが、冥王星が小惑星へと降格した２００６年頃までにその脅威を徐々に弱めていったように思えるからです。

冥王星はまた、土星が最遠であった古典的占星術で土星が担っていた「死」のイメージを、その名である冥界の王として受け継いだきらいがありました。最終兵器としての核や、人生の最終形態である死は、冥王星が小惑星となった今とそれ以前とではその重みに明らかに違いが生じたはずです。人類にとって死が最終ではないのだとすれば、その先に何があるのでしょうか。

さて、冥王星の軌道は黄道面（太陽系惑星たちの軌道をひとまとめに見なした仮想円盤）に大きく傾き、離心率が高い。冥王星の軌道は、遠くカイパーベルト（太陽系のはての氷の世界）まで達します。太陽系惑星たちが共有する同心円とは異なる角度から最果てのエネルギーを持ち込む冥王星が担う意味は、やはり死の向こう側とつながっているように思えます。

解釈

冥王星のサインは、世代が共有する死生観を示すと思われます。「それで死んだのなら、まぁ、仕方ない」と言わしめる強烈な思い込みは、その最中にいるときには疑問を抱くことすら許されない同調圧です。別世代から見るとはなはだバカげたことに思え、ジェネレーションギャップを生むしくみともいえる「強迫観念」を冥王星のサインが示してくれます。

冥王星のハウスは、その人が極端性を発揮させる分野で、平常運航は難しいエリアを教えてくれます。その分野にまつわる究極的な体験や、常識の枠を超えた体験もあり得るでしょう。とことんその分野に関わるか、全くの無関心か、あるいは異常に惹かれ魅了される分野か完全なる嫌悪の対象か、ふり幅が大きく出やすい分野が、冥王星のあるハウスです。

冥王星とアスペクトを持つ天体は、その天体が元々持つ意味を究極まで引き出され、ギリギリ限界まで表現する機会が与えられるようにみえます。ただし、惑星が持つ潜在能力を発揮するための「底つき」きっかけのようなものが必要で、惑星に纏わる究極体験とも関係あるかと思います。底をついてからスイッチが入るのが冥王星です。

冥王星蟹座

家族や国家など、自分が帰属する共同体に対する強迫観念を持つ世代。お国のために命を投げ出したり、家族のために出兵するという同調圧。みんな等しく死んでゆくという死生観。

冥王星獅子座

自分らしい表現が脚光を浴びることに対する強迫観念を持つ世代。自分の生き様を貫くために命を投げ出したり、ヒロイズムを全うせよという圧。一人で巨悪に立ち向かうという英雄的死生観。

冥王星乙女座

役に立たねばならぬという強迫観念を持つ世代。人や環境の負担になってはいけない。迷惑をかけたくない。有能であらねばならないという圧。無用の長物はいないほうがいい。立つ鳥跡を濁さずな死生観。過労死世代。

冥王星天秤座

愛し愛されたいという強迫観念を持つ世代。関係性において対等であることに強いこだわりを発揮。パートナーがいたほうがいいという圧。面接やお見合いのために魂が死ぬような経験をしやすい。ロストジェネレーション世代。

冥王星蠍座

没頭できる対象があるべきという強迫観念。推しのために死ねる総オタク世代。何か一つでもとことん掘り下げた分野がないとダメという圧。他のことを犠牲にしてでも好きを仕事にしたい世代。

冥王星射手座

常に精進せねばならぬという強迫観念。信念のために死ねる。超人願望や世俗を離れた出家願望。荒くれもの、粗野な強さ、カリスマ性に対する無条件の崇拝と、弱さをみせてはいけないという圧。

冥王星山羊座

与えられた役割を全うして社会に貢献しなければという強迫観念。強いリーダーと統治が持つ絶対的な圧。努力はして当たり前。達成目標やイデオロギーのために死ねる。

冥王星水瓶座

権利意識に対する強迫観念。チャンスは平等に与えられるべきという圧。友好的であること、分け隔てなくいること、つまり差別的であってはいけないという圧。世界平和のために死ねる。博愛世代。

第5章

ハウス

ハウスとは（その構造と用途）

ハウス（部屋）は、天球と地平線の接点ですから、現実的なリーディングに最も貢献する場所です。ハウスを通じて神話は体現されると考えることもできるでしょう。

特に重要なのは、東の地平線と黄道の接点であるアセンダント（ASC）と、西の地平線と黄道の接点であるディセンダント（DSC）です。ASC－DSC軸は、ホロスコープの日の出と日の入りの場所に該当し、その魂が地上にどのような形で接点を持ち、どのような環境に直面しながら生きてゆくのかを示してくれるのがここです。

次に重要なのは、黄道が子午線の最も高い位置である南中点で交わるミディアム・コエリ（MC）と、最も低い位置で交わるインマム・コエリ―（IC）です。MC－IC軸は、太陽が最も高い位置を経過する場所と、地球の裏側の最遠を経過する場所に該当し、人生で到達しうる最も高い志と、それを支える基盤（家）を示すとされます。

子午線：南北のライン
卯酉（ぼうゆう）線：東西のライン
天の赤道：地球の赤道を天球面に反映したラインで、恒星や惑星の天球における位置を決定する上での基準点（赤緯0度）となる。
黄道：太陽の通り道。

ASCアセンダント：地平線の東側と天の黄道との接点。ここは上昇点ともよばれ、天と地上の接点にして日の出の位置でもありホロスコープ解釈の上で最重要とも言える場所です。ホロスコープ解釈においてＡＳＣは本人の座となります。

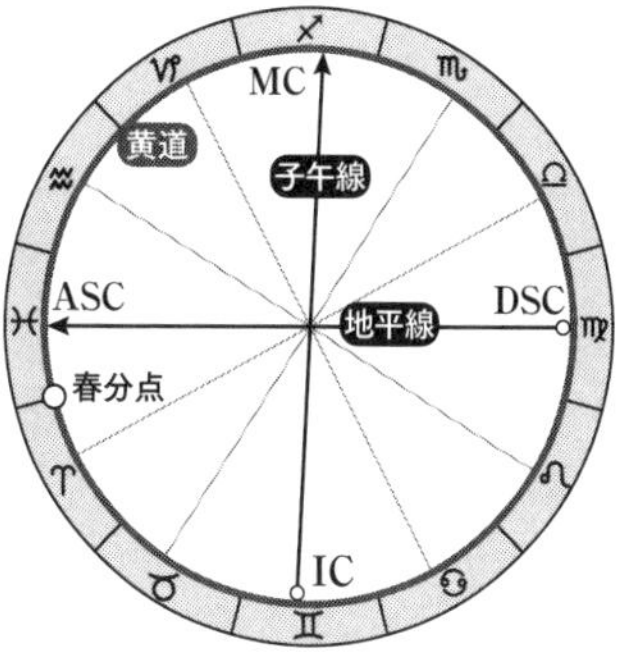

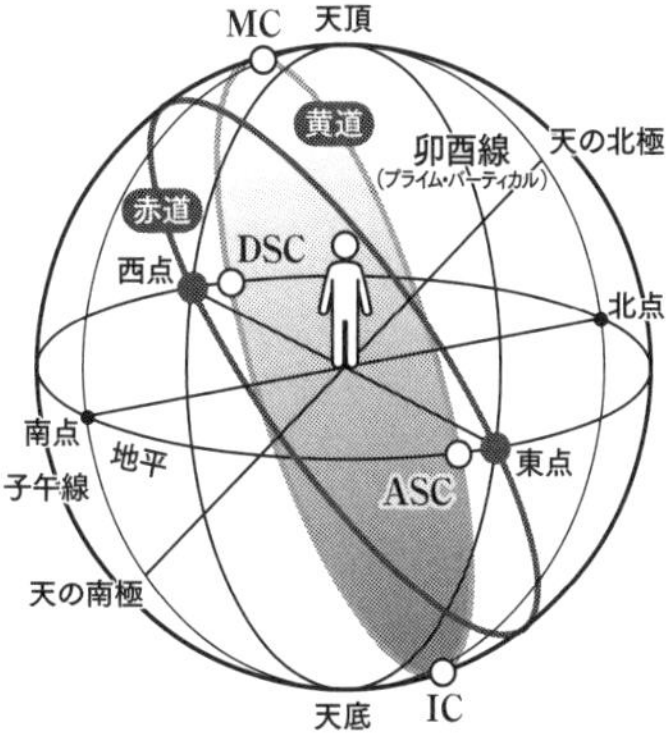

DSCディセンダント：地平線の西側と天の黄道との接点。ＡＳＣからみて対向の位置で日没の場所です。ホロスコープ解釈においてＤＳＣは他者や環境、配偶者の座となります。

MCミディアムコエリ：子午線と黄道の南中点なので最も高い場所です。ホロスコープ解釈においてＭＣは、仕事の座となります。

ICインマムコエリ：子午線と黄道との北の交点で、地平線の下側の場所です。ホロスコープ解釈においてＩＣは、家の座となります。

ハウスの種類と用途

ハウスの種類はたくさんありますが、大きくわけて**四分円**（クオドラントハウスシステム）と、**等分円**（ホールサインシステム）の二種があり、前者はＡＳＣ－ＤＳＣ－ＭＣ－ＩＣからなる十字を骨格として、その間を時間あるいは空間で分割します。

日本で最も使用されているプレシーダスも、前者の分割方法です。後者のホールサインシステムは、出生時間が不明な場合に使用されるソーラーハウスや、古典占星術で使用される、アセンダントのサインを起点にそれに続くハウスをすべて30度ずつの等分に分割したもので、部屋の広さに差がなくハウスの境界線（カスプ）が明確であるという読みやすさが利点です。

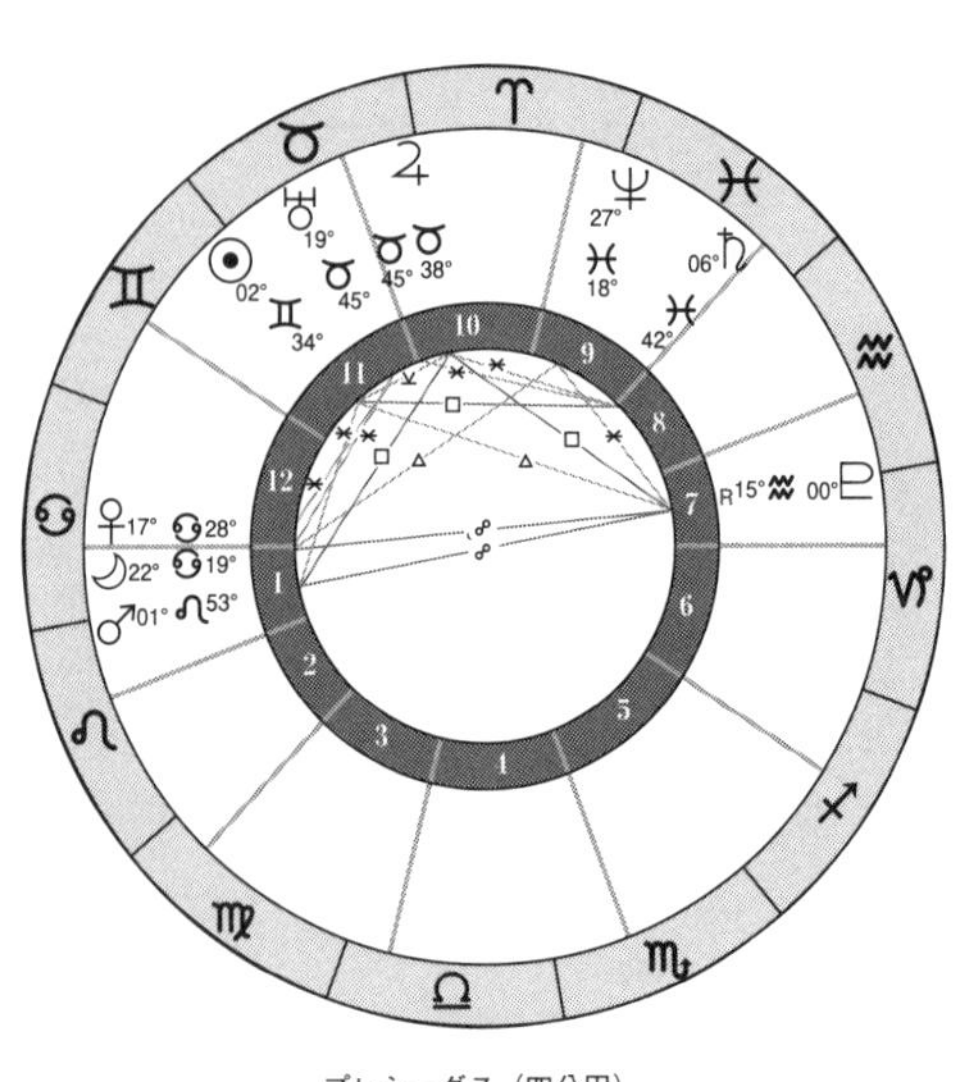

プレシーダス（四分円）

このように、どちらのハウスシステムで表示するかによって、惑星によっては別のハウ

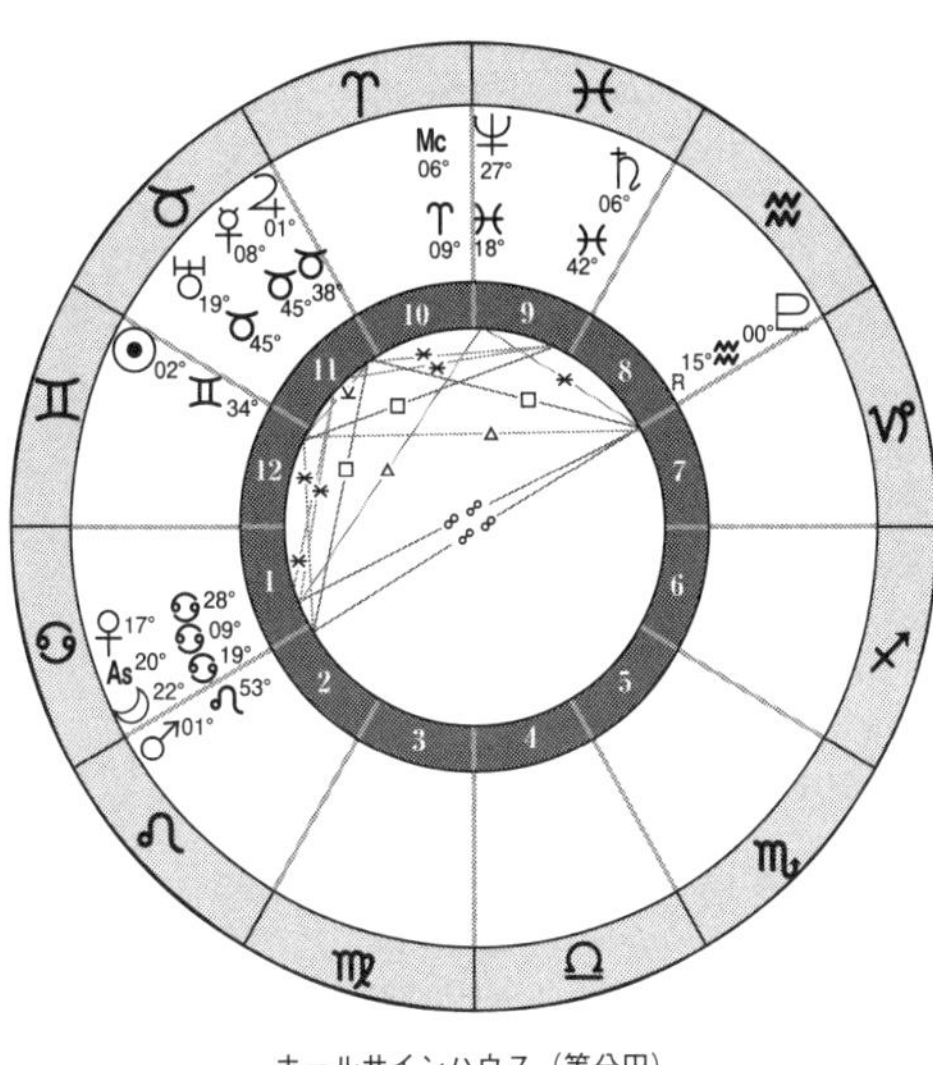

ホールサインハウス（等分円）

スに表示されます。たくさんあるハウスの中でどの分割方法を使えばいいのかと迷うかと思いますが、私は二種類のハウスシステムを以下のように併用して使用しています。

ネイタルチャート　↓アセンダントを軸に組み立てたホールサインハウスをベースにしながら、四分円のアングルを感受点のように表示して重視。

ホラリーチャート　↓四分円（レギオモンタナスやアルカベディアスなど）をベースにして、ホールサインハウスに準じた5度前ルール（P.124）を使用。

出生時間不明のネイタルチャート　↓ソーラーサインハウス。

占星術師がどのようなハウスシステムを使用するかは、的中率を直撃する重要な要素です。なぜならハウスは、地上的な要素を細密に網羅する曼荼羅であり、この世で経験する具体的な要素を指摘する場合に、ハウスを使用してそうするしかないからです。惑星とサインの組み合わせは、その人の中にある神話的側面を色鮮やかに浮彫にすることができる一方で、ハウスは具体的かつ実際的な要素を担います。

ですから、ハウスに関しては一つの分割方法やカスプ（境界線）を妄信せず、鑑定の経験を積みながら切磋琢磨し、その人にしかできない匙加減を持つべきだと思います。いわゆる占い師としての「技」が問われるのはハウスの扱いだと私は考えていますので、どのような分割方法を使うかは常に進化し続けているのが当たり前で、一つの正解を求めなくてよいでしょう。

5度前ルールについて

クオドラントハウス（四分円）を使用する場合、ハウスの手前（反時計回りにみて）5度以内にある惑星について、次のハウスに入っているとみなす技法があります。このようなややこしい考え方をする理由は、ハウスを読む場合、その空間よりもカスプ（境界線）に力があると考えるからです。ASC－DSCなどのアングルの重要性からみても、そのカスプ周辺で特にカスプのサインと同じサインにある惑星は大きな意味を与えられます。

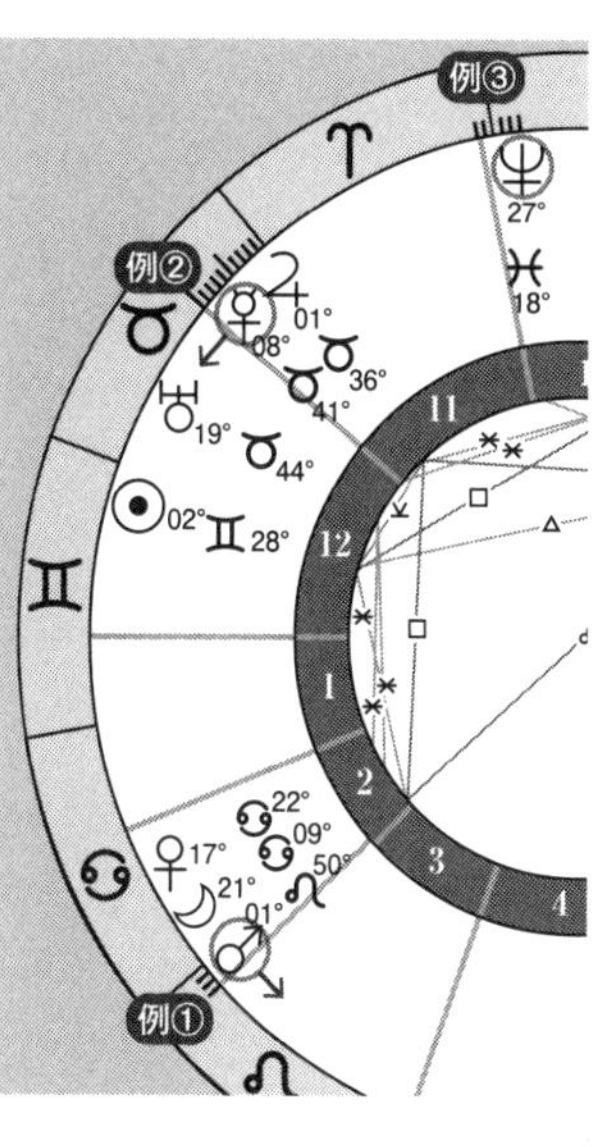

例1 獅子座1度の火星は、獅子座3度の3室カスプからみて2度手前にあるため、この火星は2室ではなく3室にあるとみなします。

例2 牡牛座8度の水星は、牡牛座10度の12室カスプからみて2度手前にあるため、この水星は11室ではなく、12室とみなします。

例3 魚座27度の海王星は、牡羊座2度の11室カスプからみて5度手前にありますが、惑星のあるサインとカスプのサインが一致しない（魚座と牡羊座）ため、次のハウスである11室に入れず10室として読みます。

最後の例3のみ、5度前であるにもかかわらず次のハウスにあると見なさない点に注意してください。

ホロスコープにおける二方向の運動

ホロスコープには日周運動に準ずる時計回りの運動と、星座（コンスタレーション）と

それを背後に周回する惑星による反時計回りの運動とがあります。前者は地球の自転に付随したダイアーナルなモーションで、後者は惑星たちが太陽の周りを公転することに付随したセカンダリーなモーションです。

ハウスの動きは、地球の自転に付随するプライマリーな動きそのものであり、地上で生きる我々の営みからみた天界の観測点とも言えます。実際、現在我々が「ホロスコープ」と呼んでいる円は、元来は第1ハウスの名称であり、ギリシャ語のhora（時の）skopos（見るもの、見張り）を語源とします。

ホロスコープにおける太陽は、日の出から正午にかけてASCからMCへと昇り、正午から日の入りにかけてDSCに向かって降りてゆきます。太陽神を崇拝した古代エジプトでは、太陽は東で生まれてMCにかけて成長し、西（DSC）に沈み、北（IC）で眠ると考えられていました。そのため、東は神聖でよい場所であり、西には死のイメージが重なっていたと考えられます。人の一生をこれになぞらえて、ASC周辺を生誕と幼年期－MCを青年期－DSCを成人－ICを晩年と考えることからも、ハウスの番号オーダーは反時計回りの星座と一致してはいるものの、ハウスの進化は1→12→11→10→9→8→7→6…と、逆のベクトルを持つことを念頭に置きましょう。

近代になって、ハウスそのものが元来持っていた意味は薄まり、サインと融合されていったきらいがありますが、本書ではハウスの意味とサインの意味を分けて考えるよう私は示唆したいと思います。

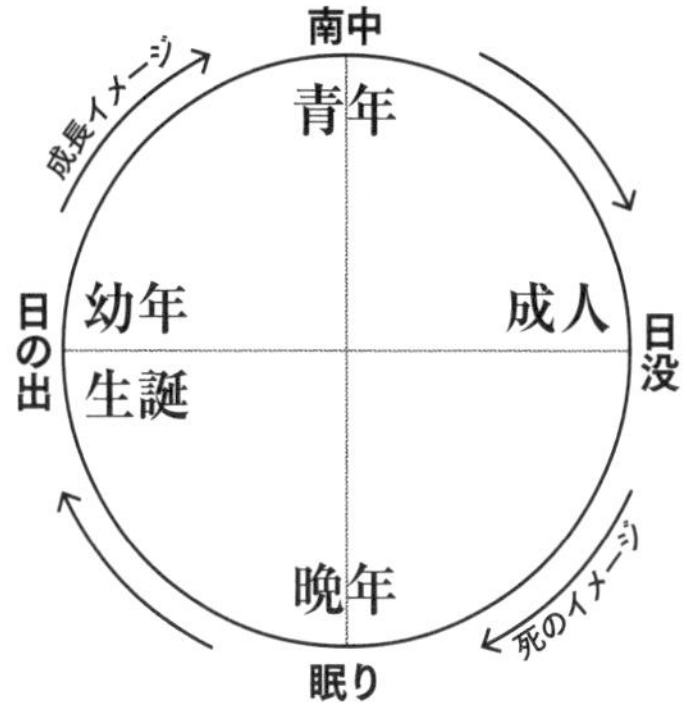

ハウスの種類と強さ

アングル（ASC－MC－DSC－IC）

と呼ばれる位置を主軸としてハウスは組み立てられています。そこを起点と1室－10室－7室－4室は、**アンギュラーハウス**と呼ばれ、その名のとおり突出した性質を持ちます。この位置に太陽、月、アセンダントのルーラー（＊注）を持つ人は、目立ちやすく、前へ前へと飛び出し、行動力を有し、リーダーシップを取るでしょう。

アンギュラーハウスに続く2室－5室－8室－11室は**サクシーダントハウス**と呼ばれ、力を取り込み保有する場所です。この位置に太陽、月、アセンダントのルーラーを持つ人は、物事を積み重ね、集め、静かに取り組み、有形無形の財を成します。

アングルに到達するために最も時間を有す

る3室－6室－9室－12室は、**カデントハウス**と呼ばれ、外側からは見ることのできない内的世界を担います。この位置に太陽、月、アセンダントのルーラーを持つ人は、宗教的で、奉仕的精神をもち、縁の下の力持ちとして人や世界に尽くしたり、物事に意味を与える役割を担います。

＊注　ホロスコープの中で、本人を示すとされる主な感受点が太陽と月とアセンダントのルーラーです。

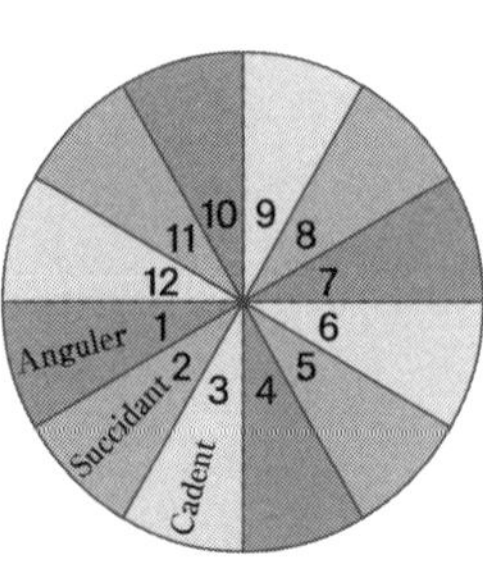

アンギュラー…1、4、7、10
→目立つ、前へ出る、突出する、リーダーシップ
サクシーダント…2、5、8、11
→積み重ねる、集める、取り組む、有形無形の財を成す
カデント…3、6、9、12
→外側からは見ることのできない内的世界

ハウスの位置関係

ハウスの意味を考えるとき、本人の位置である第1室を主軸としての位置関係を忘れてはならないでしょう。特に悪い意味を与えられているハウスについて、その根拠を求める場合、ハウス間に派生する角度について理解する必要があります。後の「アスペクト（座相）」の章でも説明しますが、占星術において図形的に成立しているとみなされる角度（プトレマイックアスペクト）は、0度、60度、90度、120度、180度がメインとされます。

　これらの角度に該当しない位置が4か所あり、そこは古典的な占星術では「本人の位置からみることができない」「力が及ばない」「な

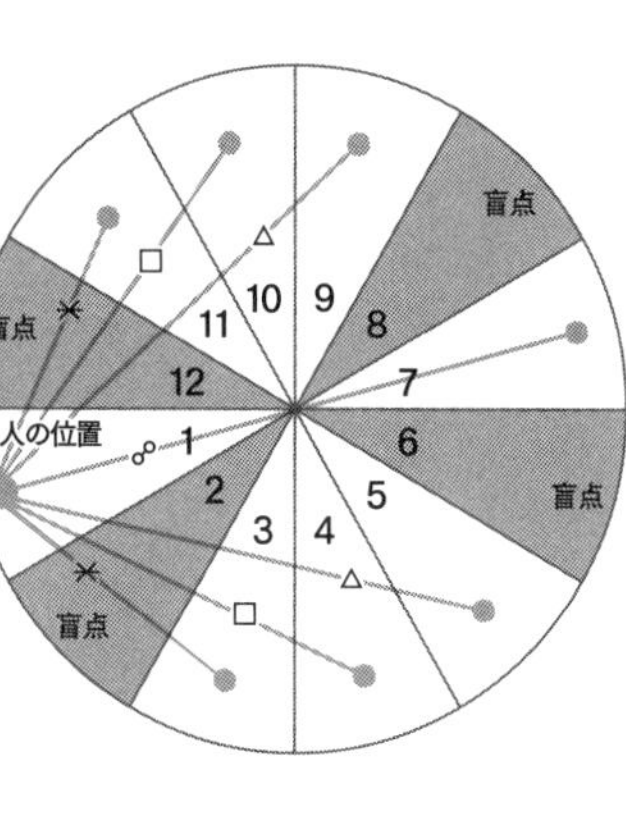

すすべもない」という意味でもあり、例えば、「みえない敵」「財産」「病」「死」などの属性を与えられています。出生図を解釈する場合、それらの意味を文字通り受け取る必要はなく、もう少し拡大した解釈をとして、２－６－８－12ハウスが担う分野は、本人の盲点になりやすく、ゆえにコントロールしにくい要素と考えてください。ホロスコープを解釈することで、こういった要素にも光をあて、当事者の盲点を理解したり分析する機会が与えられるとも言えるのかもしれません。

本人から見えない場所

本人の位置からみた両隣とその真反対側の両隣の位置（角度的には30度と１５０度）について、どのように扱うかを少しご紹介しましょう。

古典占星術では、例えばＡＳＣルーラーがアセンダントからみえない位置（２，６，８，12室）にあったり、ＭＣのルーラーがＭＣからみえない位置（11，3，5，9室）にあることを「アバージョン」とよび、あまりよいことではないとされました。

アバージョンがなぜよくないと解釈されたか考えてみると、前者は自分の在り方（ＡＳＣ）がよくわかっていない人であったり、後者は自分に与えられた使命（ＭＣ）を見失った行動を取りやすい人であったりするかもしれないからだと思います。それは生きにくさになりやすい要素なので、特筆されたのかもしれないですね。

しかし、これ自体珍しいことではないので、アバージョンだからよくない！　と決めつけてしまわず、ホロスコープを解釈するうえで、「自分は自分に与えられた仕事を見失って判断しがちなので、基本にもどってよく考えてから行動を決定してみよう」など改善点を考えるきっかけになるといいですね。

私自身、ＭＣのルーラーがＭＣから見えない位置（9室つまりＭＣからみて30度の部屋）に飛んでいるので、本業をおろそかにしがちで、場合によっては脱線して別のことに熱中したりということが人生において多かったという自覚があります。

学生時代はろくに勉強せずに恋愛に夢中だったし、結婚してからは、せっかく恵まれた家族をその最中ではあまり感謝もせずに、仕事に夢中になったりもしました。ホロスコープ解釈するうえで、それらをはっきりと自覚して反省する機会があったことがよかったと今は思います。

1室ロードのアバージョンは､｢あなたは誰ですか?｣と尋ねられたとき、名も名乗らずに隣に居合わせた友達を紹介してしまったり、手に持っていた本の内容を説明し始めてしまうようなイメージです。もちろんそれでは、正確な自己紹介にはなりませんが、そんな人もいるから世の中おもしろいのだと思います。

世の中は、リンゴが食べたいときにリンゴの木のところに行ってリンゴをもぐ人ばかりではなく、リンゴが食べたいときバナナを売りはじめたり（せめてリンゴを売れよ）、船で沖に乗り出す人もいるのだと思います。

アバージョンの解釈はＡＳＣとＭＣに限ったことではなく､応用させて､例えば2室ルーラーが2室から見えない場所（3，7，9，1室）にあれば、お金の流れをコントロールしがたい可能性などを考えることもできます。

ハウスをつなぐ三角

1－5－9､2－6－10、3－7－11、4－8－12のように正三角形の位置関係にあるハウスは、互いに助け合う関係にあります。これらのハウスカスプの元素や、部屋に在る惑星はそれぞれのテーマに影響を与えます。

（注）三角のテーマを解釈するときのハウスは、プレシーダスなどの四分円ではなく、ＡＳＣサインの0度を起点に一個のサインをまるまる1室、次のサインを2室…としたホー

ルサインシステムを使いましょう。

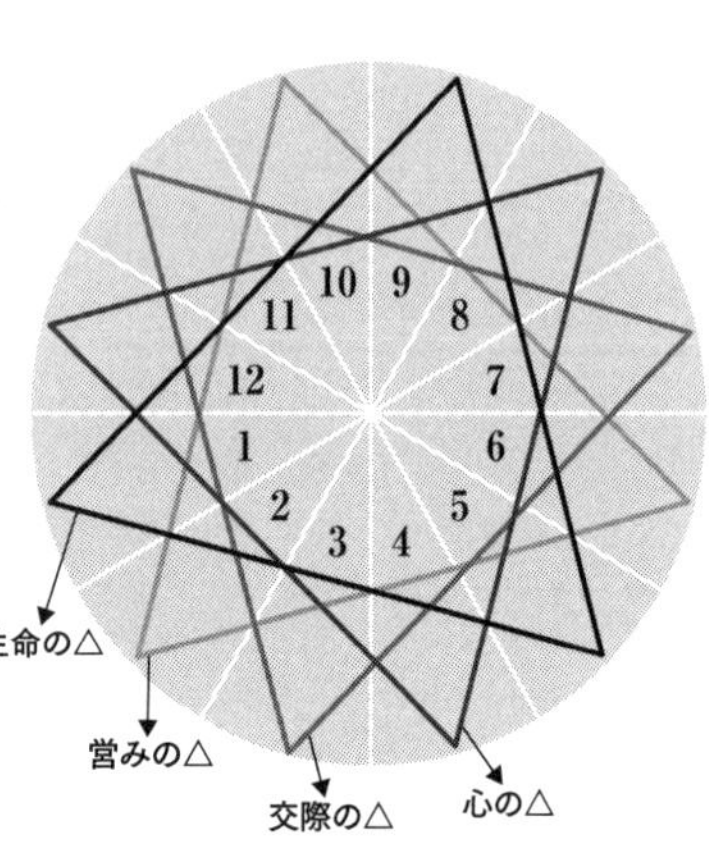

例 ASC天秤座の場合。**生命の**△が風→私を元気にしてくれるのは、知識を得ることであり、それによる選択権があることです。**営みの**△が水→仕事をするうえでは、十分に保護されこちらに寄り添ってくれる家族のような労働環境であれば、生産性を上げることができます。**交際の**△は火→関係性には切磋琢磨を求めるので、交友関係は自分のライバルであり、パートナーシップは戦いです。**心の**△は土→心を理論的に体系づけたり、魂に質量や実態を求め、臨死体験を証明することなどに惹かれる。

生命の△（1－5－9）

本人の位置である1室を起点にした三角は、本人の生命力を強める要素が残りの場所に与えられています。5室は遊びと創造、9室は宗教と信念の部屋です。やる気が枯渇して元気がなくなったとき、その人を元気づける源は遊び心や人生を楽しみ創造的に生きることであったり、人生に意味を見出すこと（信仰心）です。遊び心と生きる意味を失うと、人はたちまち元気がなくなるものです。

この部屋のカスプ（境界線）サインが何の元素かによって、その人が元気になるには何が大切かを推測することができます。

火↓戦うこと、向上心を持つこと、鼓舞すること

地↓おいしいものを食べること、豊かな生活、地位の向上

風↓好奇心、知りたいという気持ち、交友すること

水↓愛着、親しみ、心が通い合う感覚

営みの△（2－6－10）

所有と資質の2室を起点とした三角は、その人の営みを循環させる要素を担います。2室は財産、6室は健康と労働、10室は成功と名声の部屋です。貧困や営みの破綻を修復するには、まず資本となる2室の鉱脈をみつけ、それを耕し生産するための6室の労働を経て、10室の成果を得ることができます。

この部屋のカスプ（境界線）サインが何の元素かによってその人の営みを成り立たせるうえで何が大切かを推測することができます。

火↓市場の競争原理、おもしろいかどうか、クリエイティブ

地↓生産性、利益、有益性、肥沃な土地であ

るか

風↓情報、広報、戦略的、インフルエンスがあること

水↓企業理念に心が通っていること、アットホームな組織、慈善的であること

交際の△（3-7-11）

兄弟と近隣の3室を起点とした三角は、その人が関係を持つ他者のバリエーションを担います。3室は他人の始まりとも言われる兄弟、7室は敵と伴侶、11室は友人の部屋です。交友関係を広げるには、まずは一番身近な兄弟や親類含む近隣者との関係を良好なものとし、それに続く7室の婚姻が祝福されるものとなり、11室の交友関係が開けてゆくのです。

この部屋のカスプ（境界線）サインが何の元素かによって、その人の交際を広げるうえで何が大切かを推測することができます。

火↓ノリが合うか、何かを競い合えるライバル、切磋琢磨しながら共に盛り上がれるか

地↓肌が合うか、美意識が合うか、食事を楽しくとれるか、利害関係が一致しているか

風↓おしゃべりが弾むか、適切な距離感を持てるか、見識を分け合い学び合えるか

水↓親身であるか、弱みを見せ合っても大丈夫か、心が通い合うか

心の△（4-8-12）

家の4室を起点とした三角は、その人が心

の拠り所とし、チャージする場所です。8室は先人から継承する有形無形のエネルギーです。12室は心や霊的なものなど目に見えない要素を担います。心身を充電するために必要なのは、羽を休める拠点や巣を意味する4室で、そこで安心できるのは、8室が担う先人が残してくれた知恵や遺産があるからです。心の拠り所を見つけた魂は、12室が意味する霊的な充実を得ることができ、また悪霊から自分を守るすべを得るのかもしれません。

この部屋のカスプ（境界線）サインが何の元素かによってその人の心を救済するうえで何が大切かを推測することができます。

火↓ほめられる、励まされる、元気づけられ鼓舞される、尊敬される

地↓ごほうび、お小遣い、ごちそう、豊な生活、権利が与えられる

風↓自由が保障されている、選択肢を与えられる、話を聞いてもらえる

水↓許される、共感、甘やかし、親身になってもらえる

ハウスに関連づけられた惑星

ハウスにはそのハウスに与えられた呼び名と、ハウスに関連づけられた惑星があります。それらを知ることで、ハウスがサインとは別の意味を本来持っていることがみえてくるでしょう。

惑星とハウスの結びつきにはいくつか種類があり、一つは「ジョイオブプラネット」という概念で、惑星はある特定のハウスにあると喜ぶという考え方です。惑星は7つしかなく、ハウスは12室あるので惑星が当てはまっていないハウスもあります。

もう1つは、起点となる第一室に最遠の土星を置き、2室、3室、4室……の順に公転周期が速くなる惑星を当てはめていったものです。土星↓木星↓火星↓太陽↓金星↓水星↓月↓元に戻って土星↓木星……としたこの順列は曜日の由来を説明した「1週間はなぜ7日なの？」の章でお話しました、太陽を中心に左右3つずつの惑星配列で、カリディア人の順列を並べたものです。

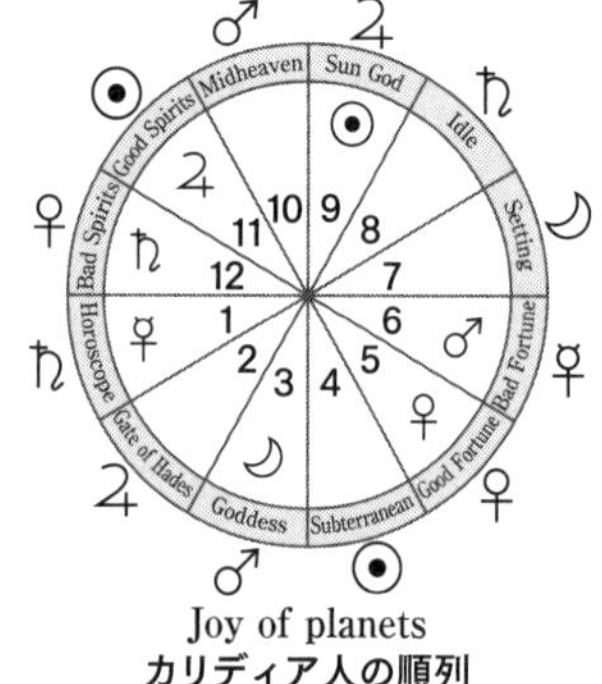

Joy of planets
カリディア人の順列

ハウスの意味の根拠

1 ハウスの回転に基づく強弱
2 1ハウスを軸にみたときの位置関係
3 ハウスと関連づけられた惑星
4 ハウスに与えられた古来の名称

　最後に、各ハウスとそこに入る惑星の説明に入る前に、次の前提を理解してください。ハウスを考察する場合、対向の位置を表裏の軸ととらえて、その意味を説明したほうがわかりやすいので、本書で解説する順番は１－７，２－８，３－９，４－10、５－11、６－12とします。

第１室　生命と誕生の部屋

　当人にまつわる多くの情報がこの部屋には描かれています。容姿や佇まい、動作や体質をも示すとされ、その人のキャラクターや世界に対する態度を担う場所です。そうなると対向の7室は、この態度に対する世界からのリアクションが描かれているはずで、１室と7室の軸は、原因と結果の法則と言えるほどに重要な位置となります。

　この部屋に惑星が位置する場合、その人のキャラクターや他者に与える印象にその惑星が持つ意味が強く反映されます。また、その惑星はその人が生誕したとき東の地平線から昇ろうとしており、占星術において最重要視される惑星の一つとなります。この惑星は、その人をその人たらしめる動機のような意味をも担います。

１室に月

親しみやすく人懐こいキャラ。人に与える

印象が安定せず日によって雰囲気が違う。守ってあげたくなるような態度。子どものように素朴な佇まい。他者から与えられたものへの染まりやすさと無垢さ。気持ちがすぐ顔に出る。みんなの子ども。

1室に水星（JOY）

いろいろな場所につながるすべを持つ神出鬼没キャラ。俊敏で知性的な印象を持たれやすい。中性的な佇まい。まめまめしい態度。多種多様な情報をキャッチするアンテナを持ち、なぜか噂話や情報が集まってくる。道をつなぎ、扉の鍵を開ける人。

1室に金星

そこにいるだけで場に花を添える愛されキャラ。ギスギスした空気や不協和音をなだめ、みんなが居心地よく過ごせるために身を削るので、大勢と長く過ごすと疲弊しやすい。洗練された佇まい。空気を読む癖。他人を不快にさせることを恐れる。世界に調和をもたらす人。

1室に太陽

日の出と共に生まれた人。公明正大で陽の性質が強く、関わった他者を照らす太陽のような存在。注目され、尊重されやすいキャラ。ブレない佇まい。仕切り屋でもないのに場の中心人物的な立ち位置に自然と祭り上げられる。世界に光をもたらす人。

1室に火星

目の前のことに熱心で、ぐいぐい前に出る意欲的なキャラクター。挑発的な態度。刺激的な佇まい。例えそれを外に出さずとも、ひたむきな情熱と怒りを秘めている。意図せずに、人を怒らせたり刺激しやすい。世界に挑戦し、物事を勝ち取ろうとする人。

1室に木星

来るもの拒まずキャラ。肯定的態度から人から頼まれ事をされやすい。ゆったりとしたおおらかな佇まい。実際にふくよかではなくても、恰幅よくみえるし、気前がいいような印象を与える。世界に福をもたらそうとする人。自分主体で行うことはだいたいうまくいく。

1室に土星

しっかり者キャラ。老成した態度なので、甘やかしてもらえにくい。お堅い印象や厳めしい印象を与える。責任ある立場を負かされやすいか、あるいはそのような立場でもないのに代表して責任を問われることがある。世界に秩序とルールをもたらす人。

1室に天王星

風変わりで斬新なキャラ。「この人といると何かおもしろい事件が起こりそう」という感覚を抱かれやすい雰囲気を持つ。本人がそう思っていなくても、どこか反逆的な態度。世界に新しい価値観を持ち込もうとする人。

1室に海王星

浮世離れした不思議キャラ。見る人の願望や恐れを投影されやすいため、当人の思惑とは違った印象を持たれることもある。「気があるそぶりをみせた」「因縁づけられた」との言いがかりに対して、スルースキルを自然と身につけている。

1室に冥王星

印象的な佇まい。表面的なものを通り越して本質を見抜くまなざし。他者と関わるときは、徹底的な献身と奉仕を提供するか、全くの無関心かの極端性を発揮。圧の強さで無理と思われるような案件をねじ込むことができる。念の強さ。他者に真実を突きつける人。

第7室 他者と伴侶の部屋

自分の態度を自覚することは難しく、鏡を見ない限り自分の佇まいの様子すらわからないのが当たり前です。自分のとっている態度を教えてくれるのが他者という意味で、ここの部屋は本人にとっての鏡の役割も果たすことができます。

7室は、その人が直面する対人や、その人を取り巻く環境を担う部屋ですが、特に婚姻関係や宿敵のように本人の強烈なアンチテーゼがここに現れます。

この部屋に特定の惑星がある場合、その惑星が担う意味が、この人の前に現れる対人の特徴や性質を示しているとも言えます。人生の序盤やまだ未熟なときは特に、7室にある天体の意識を自分のものとして扱うことが難しく、他者を通じてその惑星を体験しやすくなります。

例えば、対人の部屋にある土星は、自己管

理を放棄して夫や他者にそれを明け渡す傾向を示します。その人は帰宅時間ひとつ自分の責任において決定せず、「夫がうるさいから、そろそろ帰らないと」などと土星（管理人）を他者に押しつけたものの言い方をするかもしれません。

この状態は本人の視点からみると、「生まれたときから他者は自分に厳しかったし、親も学校も自分を縛りつけ試練を与えてきた。やさしくされた覚えはない」という認識になるし、実際本人を苦しめる厳しい環境に晒されやすいと読むことができます。ここでホロスコープリーディングを終えてしまうと、「大変ですね」という話なのですが、そこから先を考えると、「土星を自分の中に取り込むことで、他者にうるさく指図される人生から脱却を試みましょう」と考えることもできることを知ってほしいと思います。７室にある惑星の被害者のままに人生を終えないでほしいと筆者は願います。

７室に月

子ども好き。幼稚な気分屋と縁がある。敏感に人の気持ちを察して、相手が不快にならないように機嫌取りをしてしまう。それは自分の感情が他者の機嫌に左右されやすく、安心感を自分の周りの人が快適かどうかに委ねてしまう傾向からきていることを知る必要がある。自分の安全は自分で確保できる工夫を。

７室に水星

雄弁で知的な人と縁がある。思考が他人の考えの影響を受けやすい。言葉巧みに言い寄られると、それを理解し応えなければならないという気持ちにさせられ、自分の考えを放棄してしまいがち。一人になってからのクーリングオフが必要。自分の考えを整理するために日記をつけるなどの工夫を。

7室に金星

美しく調和を好む人との縁。自分以外の人がたてる不協和音に敏感なので、周りの人がみなご機嫌で楽しいときを過ごしていてほしい。人の不機嫌を恐れる気持ちから、「もっと楽しめ」と強要するお父さんのような態度になることも。自分自身がご機嫌に過ごすことで、そういった思いから解放されることを知り、自身が快適である工夫を。

7室に太陽

高名な人や注目の人との縁。他者との関わりを通じて自己を発見する。他人と自分の違いに意識が向かいすぎると閉じてゆき、他者と自分の共通点に意識が向かうと相互に依存する傾向になるため、ちょうどいい距離の取り方を知る必要がある。他者の悩みや苦しみを引き受けすぎたり、面倒をみすぎない工夫を。静かな環境で自分を取り戻したとき、大きな解放感を感じる。

7室に火星

体育会系など屈強な人との縁。場合によっては、怒りっぽく乱暴な人と関わる場合も。いずれにせよ、相手からの積極的なアプローチャや熱意のある誘いをきっかけに他者との関係が始まる傾向。自分の中にある怒りや暴力性を否定したり、押し殺したままにしておくと、強引な他者に振り回されやすいので、スポーツなどで発散させる工夫を。

7室に木星

善良でよい影響を与えてくれる他者との縁。出会いの多さ。受け身な姿勢で来るもの拒まずでいると、人との関わりの中から幸運が舞い込む傾向。与えるとそれ以上のリターンがあるが、自分にとって本当に必要な場面でのチャンスの使い方を見失ってしまうため、たまには積極性や主体性を発揮する工夫を。

7室に土星

年配の人との縁。年上ではなくとも、しっかり者で頼れる他者とのつき合いが多い傾向。時には厳格で、あなたに対して厳しい苦言を呈したり、口うるさく指図するタイプの人物が登場することも。そういった傾向は、あなた自身が自己管理できている度合いに応じて高まるので、もしもあなたが無責任な子どものように振舞うならば、厳めしい人に包囲されかねないので、努めて自己管理したほうが得策。

7室に天王星

風変わりで常識に囚われない人との縁。他者を通じてブレークスルーを経験しやすいので、行きづまった感覚があるときは人に会うことで解消されやすい。他者との関係性が急展開しやすく、安定性には欠けるが、その時々で自分にとって必要なイメージに合わせた相手とつながりながらバージョンアップしていければよい。型にはまった息苦しい関係は苦手かも。

7室に海王星

浮世離れした人との縁。混乱に満ちた対人関係。結婚やパートナーシップに夢や恐れを抱きやすく、他者をありのままの姿で認識せずに自分の思いを投影してしまいがち。つまり、必要以上に欠点が目についたり、逆に完璧な人にみえたりする場合はそれは誤認だと考えたほうがいいかもしれません。どんな人にも長所も短所もあることを理解し、過度な期待や不安を持たない工夫を。

7室に冥王星

規格外の人との縁。極端な対人嫌いか尽くしすぎるかの両極端。人目を全く気にしないか、気にしすぎるかの両極端。つまり対人面でのふり幅の大きさと好き嫌いの明確さ。パートナーによって大きく進路が変化する経験をしやすい。例えば伴侶の転勤による転居や、伴侶の家業を一緒にやる、伴侶の家族との同居など。

第2室 金銭と所有の部屋

その人に帰属するもの全般を担う部屋です。お金や物はもちろんのこと、その人がそれを資本にして生産性を発揮できる源、つまり才能や金脈など資質的なものもこの部屋に示されると思われます。

ハウスを時計回りに（日周運動）考えると、最後の部屋に当たるこの位置には古くはGate of Hadesと呼ばれました。

1室からみて、メジャーな角度をとらない部屋なので、本人の力ではどうすることもできない要素の一つとして、生まれの貧富が示されると考えられることもあります。また、本人の努力ではどうにもならない生まれ持った才能（美声や運動能力など？）も、この部屋が担います。

この部屋に惑星があると、その人が自分の持つ資質や資本に対して、特定の意識が向かっており、それに不足感を募らせるか、あるいはそれに満足して自分を有利にするために使ったり楽しむのかなどがわかります。惑星が入っていなければ、この分野に関して平常運航すると考えてください。

2室に月

自分の所有するものや資質に対して愛着と不安感を抱きやすく、日々まめに補って安全を確保する必要があると感じやすい。お気に入りのアイテムが生産終了になることを恐れて、同じものを予備に買いだめしたくなる。いい物を見つけると、家族や好きな人にも勧め、やはり買いだめ。子どものころ多才と言われた。経済事情が安定しにくく、収入源が変化に富む傾向。

2室に水星

手先の器用さ。特定の分野に対する技術やテクニックを所有する。変わった資格を取ることが好き。職人的性質を切り売りすることで生計を立てる可能性。自分の持ち物やセンスに関する話題、あるいは儲け話の話題が多め。情報収集やマーケティングを売り買い。文房具や雑誌が好き。弁論術や、独自の思想を使った商売をする可能性。

2室に金星

愛される資質。贅沢や豊さを好み、美しいものを所有したい要求も持つ。身の回りが調和しているべきとし、例え下着や靴であっても色合いの調子が合わないものを着けたくないと感じたり、一緒にいる人が空気を乱す恥ずべき行動をとることに不快感を感じる。芸術的才能。独自の美意識を資本にした商売をする可能性。

2室に太陽

自分が生まれ持った資質を活かして生計を立てたい。才能こそが自己だという認識。あれこれ加工せずに素材のよさを活かす方法を模索。偏向や個性を愛でる。マニアックな生き方。高価である、或いは価値の高いものを所有している。物の価値がわかるので、物流、仕入れ、転売、などに対するセンスを有する。古物商、骨董品の価値を測るセンスも。

2室に火星

活発な経済活動と強い消費意欲。鉄製品や武器を所有。才能を発掘するための習い事などの自己投資に熱心。将棋やスポーツなどの勝負事の才能。自分の持ち物やコレクション、センスに関して他者と意見がぶつかったり、利害関係がからむ争い事を招きやすい傾向。テリトリー意識が高いので、著作権にうるさい。

2室に木星

「お金は天下のまわりもの」という感覚。財布のひもは緩く気前がよいが、その分お金にルーズな面も。景気よく消費すればいずれ自分にも帰ってくる。自分固有の才能に固執せず、自分ができないことは外注すればいいという考え。全体としての利益を考えるので、ウィンウィンの取引を心得ている。生産性の高さ。

2室に土星

堅実で手堅い経済観念。華美なものや贅沢に抵抗感を抱きやすく、質素な生活を心がける清貧思想傾向。一方で物が「足りない」「不足している」という感覚を持ちやすいため、捨てられない、ため込む性質もあり、物で家があふれる場合も。骨董品愛好。才能や容姿に対するコンプレックス。著作権などの権利意識の高さ。生まれ持った資質を補う積み重ねと努力。継続と努力が才能。長く続けてきたという財産。

2室に天王星

生まれつきの貧富に左右されない独自の経済活動を開拓。まずは親や伴侶、国などからの経済的独立を目指す。発見や発明の才能。

特殊技能。先進的な商法による収入。収支の安定性が保ちにくい。新しいものを誰よりも早く手に入れる。規格外なものや変わったものを所有したい。定期的な断捨離願望。ソフトよりもハードが増える傾向。

2室に海王星

投資や不労所得との縁があり、先祖や親が裕福である可能性。流行や金融の上がり下がりなど社会の風潮を読むセンスと才能を持つ。ヒットメーカーになる可能性。著作権など権利意識に弱い。曖昧会計。収入源がとっちらかりがち。使途不明金がある。人に会計を任せきりにしたり、うまい話を信用しすぎると詐欺にあう可能性も。

2室に冥王星

浮き沈みの激しい所得。人生において経済事情や家財一式がガラリと変わる経験をしやすい。稼ぐときは大きく、失うときも大きくなりがちで、個人的にこじんまり完結せず、他者との利害が複雑に絡みやすい傾向。多額の貸し借りや保証人問題には用心すべき。所持品は増えがちで、収納スペースはカオス化しそうだが、断捨離するときは徹底的。

第8室 遺産と継承の部屋

人から受け継ぐものや、先人が残した遺産、相続などを担う部屋です。7室からみた2番目の部屋という位置関係から、この部屋には配偶者の財政事情や資産資質をも意味することがあります。2室との表裏なので、2室が物質的財産で8室は人脈などの無形の財産を意味したり、借金や税金を意味することも。
　また、8室には死の意味もあり、近代の占星術ではセックスまでもがこの部屋の管轄だという占星術師もいます。死やセックスがこの部屋に当てはめられた理由を考えると、人体をハウスに当てはめたときに1室（牡羊座）が頭頂部で2室（牡牛座）が喉、そのままの流れから7室（天秤座）が腰や下腹部で、8室（蠍座）が肛門と生殖器に該当するからだと思われます。しかし、古典的にはセックスを割り振られた部屋というのはなく、遊郭や快楽を担うのは5室でした。

　私は、もしも「セックス」について取り立てて占うことがあるとすれば、5室に答えを求めますが、身体部位として生殖器について占うのであれば8室を参考にしますし、妊娠について占うなら子どもの部屋である5室をみます。

8室に月

　先人が残したものに親しみを感じ伝統を大切にする。死に対する畏怖と不安。同世代の文化よりも古いしきたりや親の文化を生活に取り入れがち。先輩に懐き、かわいがられる。先人から引き継ぎがないと不安。収入が不安定だったり変動しやすい傾向。配偶者の収入が不安定だったり変動しやすい傾向。自分を養ってくれるものが何かを直観的に見極め、その対象に対して見捨てられないような振る舞いをする。

8室に水星

先人が残した技術や技法に興味を持つ。生や死に対する探究心。同世代の知識よりも古代の英知やテクノロジーに関心が向かい、古典を学ぶ機会や秘伝を継承する機会を持つ。配偶者が知識人だったり頭脳労働者であるか、知的財産を持つ可能性。エソテリック（密教や秘境など）なものにつながるカギを持つ。秘密を打ち明けられる機会の多さ。

8室に金星

先人が残した技術や技法を愛し、喜びを持ってそれを受け継ぐ。死のイメージに美しさを感じる。死にまつわる、あるいはそれをテーマとした芸術を楽しむ。配偶者が美しい装飾品を所持しているか、芸能の才能を有する可能性。愛されることによって、資産や遺産を受け取るかもしれない。プレゼントをよくもらう。

8室に太陽

先人が残した技術や技法を敬い受け継ぐ。古いしきたりや文化を重んじる。秘伝を継承したり、伝統的な稼業の跡継ぎになる機会や、のれん分け、会社を引き継ぐ機会などに恵まれる。尊敬できる対象に礼を尽くし、正確に知恵や技術を再現しようとするし、出典をはっきりさせるなどの敬意を払うことができる。人の才能を指摘したり、人の才能に光をあてる。保険や信託など人の財産を扱う仕事や、死にまつわる仕事。

8室に火星

先人が残した技術や技法に情熱的に取り組み、ノウハウを身につけるための投資を惜しまない。尊敬できる対象に熱心に取り入る。やる気でのれん分けをもぎ取る。他者のテリトリーにグイグイ入ってゆく癖。おねだり上手。スポンサーを口説いてお金を引き出す能力。借金や相続にまつわるトラブルには要注意。

8室に木星

先人が残した技術や技法から受ける恩恵が多い。また多くを託され、「後は頼んだ」と言われがち。相続運がある。古いしきたりや文化を取り入れるとよいことがある。人の才能を伸ばしたり伴侶の稼ぎを増やす褒め上手。死に対する悪くないイメージを持つ。

8室に天王星

先人が残した技術や技法をうまく近代化したり部分的にアレンジして駆使する。古い文化やしきたりの良い部分を現代風に応用。頂き物のリフォームや転売。古くて新しいものを受け継ぐ。人のユニークさに着目し、短所を長所にする発想の転換を与える。革新的な死の捉え方。

8室に海王星

先人が残した技術や技法からインスピレーションを得て自分に取り込む。古い文化やしきたりに魅了され、遺跡や歴史的遺産からイメージできる物語にロマンを感じる。人の資質や才能を過大評価あるいは逆の過小評価しがちで、それに照らし合わせて自分のコンプレックスを深める可能性。死後の世界に親近感。

8室に冥王星

先人が残した技術や技法に対する極端な姿勢。つまり、古典的な文化に全肯定でのめり込むか、全否定するといった態度になりがちで、ほどほどに取り入れるという姿勢になりにくい。ローカルルールやマナーに縛られやすい。死に対するイメージがとてもリアルで、生がそれに向かう通過点のような感覚。遺産と継承に関する極端な経験。

第3室　兄弟と近隣の部屋

その人を取り巻く、周辺事情を担う部屋です。子どもが最初に直面する他者である兄弟姉妹や親戚、近隣者を占うときは、この部屋をみます。通勤通学路、散歩道、初等教育、生徒と使徒もここです。

サインの意味とハウスの意味がブレンドされると、双子座と関係のある流通やコミュニケーション、情報、マスコミなどもこの部屋に結びつけられています。

古くは第三室に月が関連付けられ、女神の部屋とされる3室は、太陽が結びつけられた9室が国教や立法である教会を担うのに対し、土地に根差した氏神信仰や、女神信仰、多神教、八百万の神、シャーマニズムやペイガニズム（異教徒）、フェミニズムとも関係があります。

この部屋に惑星があると、自分を取り巻く周辺事情やローカリティとの結びつきが強く、親戚づき合いや近所づき合いや地元の催事、同窓会などに対して、何らかの意識（惑星）が向かっていることがわかります。３室に入る惑星は、ＩＣが絡むと４室との区別がつきにくく、共に「地元」や自分を育んだ土地「故郷」に根づく信仰の意味合いを帯びた内容となります。

３室に月

自分の幼年期を育んでくれた地元に対する愛着が強い一方で、親類にまつわる煩わしさや心をかき乱される要素を持つ。子ども会、クラス替えや班替えにまつわる思い出。シスコンあるいはブラコンぎみ。兄弟（姉妹）との関係が良好であれば安心する。氏神様や地元の盆踊りお祭りに心惹かれる。散歩や近場の散策で心身を整える。近所に自生する野草やハーブに愛着。民間療法が身体に合う。お米に神様が宿っていると感じる。

３室に水星

初等教育において優秀だった可能性が高い。ドリルや白地図が好き。近所に自生する野草やハーブに対する知識。近所の神社散策や御朱印集め。兄弟（姉妹）との対話多め。近所づき合い多め。自分しか知らない通路やぬけ道がある。タウン情報にアンテナが効き、地元で気の利いたショップやイベントを知っている。道先案内人。飛行機、特急などの長距離を移動できるものではなく、自転車やローカルバスによる移動を選びがち。

3室に金星

学校帰りや会社帰りに寄り道を楽しみ、いちいちアクセサリーや雑貨を買ってしまいがち。薬草やハーブ、アロマ、石鹸が好き。パワースポット巡りや御朱印集めを楽しむ。近所づきあいでそつなく振舞える社交家。地元の同窓会でモテる。冠婚葬祭、兄弟（姉妹）や親戚との華やいだ時間。つまりマーサ・スチュワート的ライフスタイルを地で行くが、そこで気を遣うので疲弊もする。

3室に太陽

親戚づき合いにおける中心人物的（初孫、長子など）立場。初等教育において、生徒会長や学級委員など、あるいは取り立てた役割りがなくても目立つ存在だった。近所づき合いは活発なほう。同窓会の幹事。近所に自生する野草やハーブ、アロマや民間療法に対する興味。女性をメインターゲットとした仕事やフェミニズムとの縁。よき生徒としてのアイデンティティー。

3室に月火星

兄弟（姉妹）と競い合い切磋琢磨して強くなる。過密スケジュールな小学生、あるいはスポーツクラブなどでエネルギーを使っていた可能性。近隣散歩というよりランニングでスッキリできる。近所づき合いが密になりすぎると近隣トラブルになりがち注意。祭りや神輿など氏神行事への熱狂的関わり。

3室に木星

自分を取り巻く身近な環境から多くの恩恵を受けることができる。兄弟（姉妹）親戚、近所づき合いの多さ、あるいは広がり。おおらかに自然療法や民間療法に親しむ。野草やハーブを自分で育てるなど、自生させるのがうまい。米や山や海に神が宿る感覚を持ち、感謝しその恩恵を受ける。つまり八百万の神を信仰。

3室に土星

親戚の中で責任ある立場を担う。親戚との関係が堅苦しく重荷に感じる傾向。兄弟（姉妹）との関係に関するコンプレックスや苦手意識。近所づき合いは気が重いと感じるが、役員などを引き受けがちなので、それらを無視して暮らすことはできない。山や自然に宿る神々への畏怖と畏敬の念を持ち、伝統的しきたりを持ってそれらに敬意を払おうとする。

3室に天王星

兄弟（姉妹）、親類、近隣者との距離感が特有で、型にはまらないつき合い方。近所でちょっと浮いた存在かもしれず、結束の強い村であれば、村八分的な立場になる可能性も。そうはならなくても、ローカライズされた同調圧に対して反抗的な気持ちを持つ。フェミニズムに傾倒。

3室に海王星

兄弟（姉妹）、親類、との距離感があいまい。当人か兄弟どちらかの存在感が希薄だったり蒸発したりの可能性。近所に海や河川、池などの水場があり、そこに由来する水神様との縁。近隣者との騒音問題に注意。イマジナリーフレンドがいるなど、妖精や霊的存在との親和性。

3室に冥王星

兄弟（姉妹）、親類、との距離感が濃密か、全くの疎遠かの両極端。そういった親類と同居であると相互に依存的で愛憎が深まる傾向にあるので、親戚の干渉を嫌い早々と地元を離れる場合も。初等教育における事故やいじめなどの極端な経験を持つ可能性。山や海や夜などの自然霊に対する強い畏怖の念。

第9室 信念と旅の部屋

その人が到達しうる高みを担う位置にあるこの部屋は、人生を走り抜けるために必要な信念と哲学を担います。宗教、巡礼、旅、海外、登山、向上心、公徳心、高等教育、教会、司祭、教皇、宣教師、教師もこの部屋です。

古くは、夢や啓示、神託をも扱う9室は、高みを目指す崇高な精神性と関係がありそうです。

共に高い位置にある10室には政治的リーダーである王や首相が位置しますが、9室には立法を担う教会や教皇が位置づけられます。

国家を支える主権が一つであれば独裁政権となりその王朝は長くは続かないはずですが、主権が政治（10室）と公徳心（9室）に分かれていることで安定するでしょう。戦前の日本においては、首相（10室）と天皇（9室）のイメージで考えてもよいでしょう。

3室との対比では、9室は太陽信仰で3室は女神信仰が結びつけられており、それぞれに一神教や国が定めた教会と、八百万に宿る多神教や大地母神の対比でイメージしてください。

この部屋に惑星がある場合、何らかの意識が崇高な方向性を持ち、生きることに対する意味づけや信念を左右すると考えられます。どのように学び、どのように高みを目指すかという部分です。惑星がない場合は、平均的な向上心や信仰心ということです。

9室に月

怠けることが苦手で、心身を酷使することで安心感を得る。自宅や地元よりも遠方や山の向こうに親しみや愛着を抱く不思議。食事や日用品が自然と輸入物。趣味を超えた勉強を断続的に続けている。そういった取り組みから離れることもあるが、思い出したようにまた取り組んでは安心する。日々のストレスがたまると旅に出たいし遠くへ行きたい。家族や親しい相手になぜか講釈を垂れる。

9室に水星

哲学的思考。外国語に対するセンス。細分化された物事を体系的に捉え、全体としての意味を与えることができる。気に入った商品を布教したり、解説書や教科書をまとめて広く知らせることが得意。つまり宣教師的。夢や象徴から啓示を受け取るチャネラー的性質。

9室に金星

旅や読書を愛し、豊な精神世界を楽しむ。舶来品や輸入雑貨が好き。外国の音楽や絵画、特に宗教画などの芸術に惹かれる。どうすれば世界から争い事がなくなり、正義に基づいた和平が結ばれるかを考える。カルチャースクール通いが趣味。

9室に太陽

注目されやすく弁論術にたけ、強い影響力を持つ。多くの人が到達できない頂の景色を伝える役割を担い、先駆者的立場になりやすい。そのため、自分の振る舞いや言動がきちんとした道義心や裏づけに支えられた誠実なものであることを自身に問いただす必要がある。よくも悪くも教祖的性質があることを自覚し、それを乱用せずに律する工夫を。

9室に火星

自分が信じることを熱心に布教する。熱くなると洗脳的に人を説得する癖があり、相手の考え方が変わらなかったり、のらくらと交わされると憤りを感じることも。そのような支配的行動には危険やトラブルがつきものなので、信仰の自由（推しはすきずき）を何より心得る必要がある。高みに到達する道やタイミングは人それぞれだし、そもそも高みを目指してすらいない人もいることを心得るとよい。

9室に木星

海外の文化、学歴、宗教、旅行から多くのチャンスや恩恵を得ることができる。思索が時空を超えて際限なく広がる。勉強や調べものも、歴史をどこまでも遡り、世界各国の文献をあたるので、とっ散らかる。行動範囲の広さ。ナチュラルな冒険心。根底に性善説があるのか、人の悪意や不正にびっくりする。

9室に土星

無神論的。責任を感じる範囲が広すぎて気疲れがすごい。「やるだけやって最後は神頼み」の「最後」の部分も自分で頑張るつもりで動いてしまう。未知のことがらや海外（自分の管轄外）に対する気後れと苦手意識。たとえ高学歴だったとしても学歴コンプレックス。知識不足を常に感じながら、勉強（補強）することをやめられない。

9室に天王星

特有の道徳心や信仰を持つ。旅によって人生の行きづまりやスランプに突破口を切り開く。それまでの価値観を覆すような宗教的体験。大学や専門学校に進んでからの転校や海外留学などによる寄り道。また、学科学位の変更や二重取得、あるいは退学。

9室に海王星

あの山や海の向こうに何かあると夢を抱いてしまう。海外には島国にはない何か途方もないものがあるというイメージ。地方育ちであれば、そこを出て都へ、都育ちであれば都を飛び出して海外へと羽ばたきたい。夢や象徴を通じて人生の指針やメッセージを得る。

9室に冥王星

極端な思想になりやすく、人生の意味を全く見出せないニヒリズムと、すべてに意味があるような全能感を行き来する。完全な無神論と敬謙な原理主義を行き来。もしかしたら、宗教的体験に期待感が大きすぎるため、確証が得られないと神に見捨てられた感覚に陥りやすいのかもしれない。渡航先での人生を一変させるような経験。

第4室 家と基盤の部屋

ホロスコープの最も低い位置にあるこの部屋は、その人が根ざす基盤を担います。日々英気を養う家や寝床、家族はもちろんのこと、その人を育む土壌である故郷や民族的ルーツもここです。広い意味では、宇宙元始からの想念や事象すべての記憶層と言われるアカシックレコードや、集合意識もここだと私は考えています。

集落はメッカを中心としてその周辺に墓が取り囲むというイメージでいうと、墓が4室でメッカが10室としてホロスコープにおける縦軸を考えることもできます。

◆4室が担う「家族」とは？

4室は「家族」とされますが、家族といっても自分を育んだ生家なのか、結婚してから自分でつくり上げる家族なのか、父なのか母なのかという疑問が生まれます。前者に関しては、自分が今ねぐらにしている場所や、拠点にしている場所を総括して家と考えて問題ないでしょう。今自分がそこを「基盤」として「成果（10室）」を出しているかどうかで考えてください。そういった意味では店舗や作業場であったとしても、そこを拠点としているのであれば、そこは小さく短期的な4室です。例えば、ホラリー占星術など短期的かつ具体的な占法では、4室で自分の座席やポストを占うこともあります。

父か母かという点に関しては、その国の文化的背景や家長制度を考慮する必要があります。例えば日本のように、嫁は結納で貰い取って夫側の名字と墓を継ぐという文化が根強い場合、4室は父方の色合いが強まります。父方をこの部屋に置いた場合、母方は10室となります。この振り分けを意外に思う方は多いのですが、それは4室と蟹座のイメージが混同されていることによる偏見でもあるのです。蟹座イコール月イコール母性という連想からこの部屋が母親の部屋と解釈してしまうのでしょう。

父親が子に与えうる最も原始的なギフトは何かを、私はよくギリシャ神話のパエトーン神話に例えます。太陽神アポロンの息子であることを学友たちに疑われた少年パエトーンは、アポロンの東の神殿に赴きその証拠を欲しがります。息子がはるばる会いに来たことで、アポロンはパエトーンに協力することを約束し、パエトーンは日輪の馬車を貸してくれるよう父親に嘆願します。神は嘘をつくことを許されないので、一度願いを叶えると言ってしまったアポロンは仕方なく日輪の馬車を息子に貸すはめになりました。

パエトーンは、太陽神にしか御すことのできない灼熱の鬣（たてがみ）の馬を従えた馬車を学友たちに見せつけようと地上近くまで操縦し、危うく地上を焼き払ってしまいそうになったため、ゼウスが雷でパエトーンを撃ち落としてしまいました。

パエトーンがその若い命を落としてまで、父親にねだったものは、「おまえは、確かにわが子である」という認知です。「ここにいてよい」「ここに根を張ってもよい」という認知があって、子は上に伸びて実を結ぶ（10室）ことができるのではないでしょうか。父は子に名字を与え、戸籍や国籍を与え、墓を与えるという、社会性へと直結する根幹のロールを担っているのだと思います。もしも母方のほうがそのロールを担う家系であれば、4室に母方を当てはめて考えることもできます。

結論として、どちらの姓や墓や国籍を継いでいるかを目安に、父か母を当てはめて考えてもよいし、漠然と両親と実家のイメージすべてをこの部屋にまとめてもよいでしょう。

この部屋に惑星がある場合、何らかの意識がその人の基盤に影響し、故郷や家族に対して、ある種の思いを抱いていることがわかります。この位置は自分が「ここにいていい」という足場感覚を左右する場所なので、惑星の種類によって人が当たり前のように得ている安心感が左右される場合もあります。惑星がない場合は平均的な家族感や自分のルーツに対するイメージを持つでしょう。

またこの部屋にある惑星を整えることで、静養できエネルギーをチャージすることができると考えることができます。「惑星を整える」とは、惑星が持つよい側面を意識して具現化するという意味です。

4室に月

この位置の月は転居の多さや足場の移ろいやすさを示し、この人物は自分の安心を確保するために日々の工夫を要する。心のメンテナンスに人より多くの時間や労力が必要であるという意味で、自宅で多くの時間を過ごすことを好むことも多い。いわゆる引こもり癖。父方との結びつき、あるいは故郷や墓との結びつきの不安定さ。ファザコン。幼年期僅かな時間を過ごした些細な結びつきに対する強烈な望郷の念と愛着。

4室に水星

一族の伝書鳩。両親や兄弟が意思疎通を図るための伝言をまわしたり、実家とのやり取りにおけるメッセンジャーや親善大使的役割を担わされる。家に人の出入りが多く、役員の寄り合い場になったり、場合によってはお教室を営んでいる。自宅のWi-Fiやネット環境はちゃんと整えておきたい。

4室に金星

自宅が整って平和であることを必要としている。雑然としている場所や、争い事のある場所では休まらないしくつろげないため、もしも家族に調和を乱す人がいる場合、そこから出て一人でいることを選ぶかもしれない。自分のスペースを確保してそこを美しく整えたり花を飾るなどの工夫で滋養と幸運を招くことができる。

4室に太陽

自分の幼年期を育んでくれた地元や地域に貢献する生き方。愛国心。一家の中心的役割を担い、家族からの注目を集める。自分が未熟なうちはそのことが負担になるかもしれないが、克服して自分が属する共同体でリーダーシップを取るだけの実力を持っている。親や家族にほめられて輝くし、けなされると自尊心が深く傷つく。民俗学、地質学、など物事の根幹やルーツを探ることに向いている。地産地消や自給自足、近場国内旅行などを心がけたい。

4室に火星

家庭内のあれこれにエネルギッシュに取り組み、熱意を注ぐあまり場合によっては争い事の種となる。家庭内での主導権を自分が握らないと気がすまないところがあるので、あなたの指示に従ってくれる家族が頼りなくみえることを不満に思わないこと。もしも相手もまた主導権を渡さないタイプであれば、互いの領域には口出ししない工夫を。自宅や地元でできるスポーツや筋トレを取り入れると多くの問題が解決する。

4室に木星

家族や地元、自分の基盤となるものから多くの恩恵を受け取ることができる。逆に考えれば、誰のことも自分の家族同然として接していると大切にされ、いいことが起こる。とはいえ家族のように親身に接する相手が多すぎると負担が大きいので、結果的に排他的になることも。接する時間が長い相手や場所に対する信仰心に近い感覚を持ち、無条件に感謝してしまう。広い家や土地運があるので、資産家ではなくても拠点となる場所には恵まれる。

4室に土星

家族に対する責任感の強さ。その責任感の強さから家族を負担に感じたり、増やしたくないという思いも働くかもしれず、なるべく手に負える少数の相手にだけ誠心誠意という考えになりやすい。自分の立ち位置や基盤を固めたいという思いが強く、安定志向と石橋を叩いて渡る用心深さ。老後の安定を望む。価値の変動のない土地を手に入れたい。

4室に天王星

風変わりで斬新な家族感を持つ。序列を重んじたり古臭い習慣を押しつけてくる家族には容赦なく立ち向かい反抗する癖。上下関係のない自由な共同体をつくるが、長くは居つかないかも。転居が多く、場合によっては故郷から遠く離れた場所に新開地を開拓。拠点を変えるたびにバージョンアップする感覚を持つ。

4室に海王星

家族という形態に夢と失望の入り混じった複雑な思いを持つ。立ち位置や基盤が希薄、あるいはカオス。寝ているときに夢をたくさんみる。場合によっては明晰夢など。不完全なかたちの家族に一度は失望するものの、どこかに理想の共同体というものがある気がして模索。自宅近くに水場がある、あるいは風呂や水泳の習慣があると心が安定しやすい。

4室に冥王星

家族や地元にまつわる極端な経験をしやすい。それらとの結びつきが強すぎるか、完全な断絶かのふり幅の大きさ。父親か父方からの有形無形の圧。自宅に物が溜まりすぎて居住空間が圧迫されがちだが、全く何も所有しないミニマリストに転身する可能性もあり。断舎利や引っ越しで行きづまりをリセットできるので、人生がうまくいってないと感じたら、拠点を変える決断をしてもよいかも。

第10室 成功と天職の部屋

ホロスコープで最も高い位置にあるMCから始まるこの部屋は、この人生における指針や人生のタスクを示すと同時に、努力した結果である成功、名誉、名声、の位置とされ、通常はその人の仕事が何かを教えてくれます。仕事といっても、ただ生計を立てるための労働というよりは、ライフワークや天に与えられた使命のようなニュアンスを帯び、「天職」の位置と古くからされてきました。

世相を占うマンディーン占星術という分野では、10室が国王や首相の位置となり、個人のチャートにおいても社長やボスなど目上の人の様子がここに現れることもあります。また、４室を名字や国籍を与えた父の位置とみる場合、対向の10室が母の位置とみなすこともできます。子どもは父が与えた「ここにいてよい」という認知に根を張り、母の期待に向かって枝はを伸ばしながら果実を実らせます。10室は、表彰状や勲章や金メダルなど、持ち帰って真っ先に母に報告したくなる成果を担う場所なのです。

この部屋に惑星がある場合、ＡＳＣ近くの惑星と同じくらいにその惑星がホロスコープ全体に強い影響を与えると考えられています。ＡＳＣの惑星は、その人の容姿や体質、キャラクターに影響を及ぼしましたが、ＭＣ近く10室の惑星は、その人の社会的イメージや公に掲げる看板の様子に強い影響を与えます。

また、惑星によって、何らかの意識がその人の仕事や方向性に影響し、人生の成果や名声に対してある種の思いを抱いていることがわかります。この位置は自分がどれだけ社会に貢献し、成功を収めているかの社会的評価を左右する場所なので、惑星の種類によって本人の自信に影響し、承認欲求とも関係が深いでしょう。惑星がない場合は、平均的な承認欲求を持つと考えます。

この部屋にある惑星のよい面を活用することで、その人が何をすれば社会的評価を得やすいかのヒントになることもあります。

10室に月

仕事や方向性が変化に富み、時代の風潮を敏感に取り入れる。大衆の総意や民意が気になり、それに影響を受けるため、人気者か逆張りかのいずれかに収まり自己を見失いがち。女性や子どもをターゲット層とした仕事を持つと成功しやすい。人気稼業にも最適性。休日であっても仕事や目標に関係のあることをして過ごしがち。また、そうすることで安心を得る。では、このような配置の人がいつ休まるのかというと、仕事の成果が出て勲章を受け取っているわずかな瞬間だけかもしれない。もしも10室にある月のサインが、太陽のサインと30度、90度、150度、180度のサインに在る場合、月がもたらす人気や大衆性を嫌がり、自己矛盾を感じる。

10室に水星

自分の目的や方向性に必要な交流をつくれる人。知性や言葉を使った仕事全般への適正。人と人を繋いだり、流通を生み出すプラットフォームをつくることができ、情報戦略に強い。資料集めやフィールドワークによる裏づけがある状態でプレゼンするので、意見が通りやすい。社会的ステータスの高い人とコネクションを持つことで自己評価が上がるので、有名人の知り合いが多い。子どもや学生を対象にした仕事、交通、情報、流通、文筆、技術に関わる仕事で活躍できる。

10室に金星

社会的な場において、華を添えたり、緊張した雰囲気を緩和する役割を担う。典型的な例として、日本における女子アナ的ロールを与えられやすい。努力してきたことや、戦ってきたことを表に出さずにニコニコすることは、仕事だと思えばできる。より多くの人に愛されている状態で自己評価を上げるため、嫌われムーブをすることに強い抵抗を持ちやすい。女性や美意識の高い層をターゲットとした仕事、美容業界全般、アート、音楽、司会、国や地域に和平をもたらす親善大使などに適正。

10室に太陽

目標に対してあまり迷わずに舵をとる人。主体的進路。人の上に立つ、目立つ、注目を集める立場になりやすい。リーダーシップ。仕事に関して自分の価値を安売りしたくない。勲章や賞状、役職などで評価されることが大好き。社会的評価こそが自分の真価だと考えがち。仕事に大きなエネルギーを注げる人なので、ライフワークと思えるものに出会えるまではいろいろ試してよいかも。自分のスター性が問われる職種全般、注目を集める仕事、社長や指導者に適正。

10室に火星

目的意識が高く、「こうしたい」と思ったことには迷わずエネルギーを注ぐことができる。与えられた仕事に対して積極性と情熱を持って取り組む人。やる気で出世するタイプなので、ライバルや同業者に対して嫉妬心や羨望の念を抱きやすく、後輩に教えたり助けたりする場面ではけっこうスパルタ。どんなに出世してもハングリー精神を失わない熱血漢。競争原理が強く働く市場全般、スポーツ、格闘技、軍事関係、武器、製鉄、鉄鋼業などに適正。

10室に木星

チャンスに恵まれやすく、特に進路に関して順風満帆な強運を持つ。その時々では失敗したと感じることもあるかもしれないが、後で考えると最良だったと思える道筋を歩みやすい。この配置を持つ人の成功は、ひとり勝ちというものではなく、関わったすべてが共に繁栄する方向性を持つので、ウィンウィンを意識した方向性を持つと成就しやすい。逆に、エゴに基づいたムーブは挫折しやすい。教職、研究職、法にまつわる仕事、宗教関係、福祉や慈善事業などに適正。

10室に土星

社会的評価と安定した地位に対する強い渇望を持つ。ステイタスにまつわるコンプレックスや自己評価の低さ。社会生活を営むうえで、ある種の無理や背伸びがつきまとい、仕事に対する特有の気の重さを感じやすい。伝統的なものや権威的なものに弱い。自分の限界を意識しながら、絶え間なく努力することでステイタスを守る。厳しいことをいろいろと書いたが、この位置の土星は、結果的にその持ち主に威厳と権力を与える場合が多く、努力を怠らなければ年と共に尊敬を得ることができる。管理職、責任の伴う役職全般、古く威厳のある地位、古物商、タイムキーパー、番人、職人などに適正。

10室に天王星

現行の社会構造に対して反骨心を持ち、どこかアウトローな生き方を模索。正攻法ではない社会参加。古いしきたりや序列のある仕事に縛られるとよいところを出しにくい。世間一般の風潮や同調圧を跳ねのけて、誰もやったことがない分野に進出しようとするときに本領発揮しやすい。独立起業、ベンチャービジネス、新システムの導入、技術革新、テクノロジーに関わること全般、新市場開拓などに適正。

10室に海王星

自分のキャリアや進路に対して、限界を設けることをせず、ずっとある種の期待感を抱き続ける。本職以外に興味の対象は果てしなく広がり、第二の人生やバーチャルなセカンドライフなどに自分の役割を住まわせることもある。社会不安や景気に敏感に察知する先見の明を持ち、直観的に進路を変更したり決定することがある。政治家、投資、金融関係、地震調査、流行を取り入れた職種全般、社会不安や集合意識と関係が深い分野の仕事に適正。

10室に冥王星

取りつかれたような出世欲を抱きワーカホリック気味のときと、社会参加の意志を完全に失い、無気力になるときとの極端性を持つ。目の前の仕事に対して深入りして心も労力も取り込まれやすいので、定期的に利害関係をリセットしたくなり、人生において思い切った転職や進路変更を経験しやすい。

経営者、個人事業主など小規模であっても、自分でやる仕事全般、雇われであれば大企業か、家族で営んでいる会社、保育、介護、医療関係などに適正。

第5室 子どもと遊びの部屋

金星との結びつきが強く、喜び事の多くを担う部屋です。子ども、遊び、歓楽、レジャーなどその人をイキイキとさせるものを扱うこの部屋は、本人からみて幸運の三角の一端である120度の位置にあります。

生命の部屋である1室を活性化させるのは、信仰（9室）と創造性（5室）であることに納得しかありません。

遊び（re-creation）は、再び創造することを示す言葉で、その人の中にある抑えきれない創造の光と関係があるものが、この部屋の意味になります。

ですから、子どもと言っても、広い意味では創作物、作品、クラフトなどで作り出されるものなどもここです。

この部屋に惑星を持つ人は、多産であり作品や創作物を生み出す傾向がみられます。自分から生み出すものだけではなく、人の作品を喜び吟味する傾向が顕著で、観劇や鑑賞に対して何らかの意識が向かいます。

5室に月

日用品は手作り派。季節のイベントや記念日に思い入れと愛着があり、特別な日にはなるべく楽しいことをしたいし、そうすると落ち着く。何かクリエイティブなことをしていないと不安。編み物をすると落ち着く。お酒やスイーツなど何かちょっと楽しい気分にさせてくれるものを常に探す癖。子ども好き。子どものころの絵や作文に愛着があり捨てられない。

5室に水星

週末のパーティーや催し物情報に対するアンテナを持っていて、一番おもしろそうな場所に出没。入手困難なプラチナチケットを手に入れることができる。ボードゲームやパズルなど知的な遊びを好む。編み物が好き。ラップ、詩吟、俳句などの言葉遊びにはまりやすい。自分特有の造語や恋人にしか通じない言葉の創作。

5室に金星

金星が喜ぶ部屋。音楽や芸術を愛し、楽しく優雅なひとときを謳歌したい。芸術的センスに恵まれる。快楽主義。自分がご機嫌で楽しいことをしていると愛される性質。ランチや飲み会を楽しみたいし、そうできないときは花かケーキを買って写真に撮って気分を上げたい。ハンドメイド品好き。

5室に太陽

人生をゲームのような感覚で捉え、それを楽しみ創造的に生きることを必要とする。自分らしさを損う要素に反発。ばかばかしい校則や同調圧に従わない不良っぽい性質を持つかもしれないが、元来目立つ性質があり特別待遇を受けやすい。「楽しい」を基準に行動していればうまくゆき、「べき」「ねば」で行動するとうまくゆかない。

5室に火星

音楽や芸術に対する強い関心。創作すること、創造的であることに対する焦りと情熱を持つ。遊びやゲームに夢中になりやすい。スランプに陥ると、人生に対する興奮と刺激を取り戻すために、危険を顧みない賭けに出ようとする。リスクを取る。自分を喜ばせてくれるもの、レジャーにお金を惜しまない。

5室に木星

アート、創造的な分野から恩恵を得ることができる。作品を多く生み出す。多産。遊びの予定やおもちゃがどんどん増えてゆく。ナチュラルに創意工夫をするので、ありもので何かを作り出すことが得意。心から楽しめることをしていると、そこからチャンスやよい出来事が舞い込む。

5室に土星

まじめに遊ぶ人。芸術や創造的分野に対するコンプレックスと拘りがあるかもしれない。堅苦しい表現。クラッシック音楽や能楽など古典的芸術への興味。楽しむことに対する独特の罪悪感があったり、はめの外し方がわからなかったりするので、様式的な美に惹かれる傾向。自分の中の創造力を時間をかけて形にする力。

5室に天王星

独得の楽しみ方。人とは違った遊び。新しいゲームを作り出す才能。飲み会やパーティーは楽しめるが、「まずはビール」などの同調圧に負けず、一人だけいきなり別の飲み物をオーダーするなど。遊園地などで遊んでいて突然、帰宅したくなるなど、達観したリズムを持つ。

5室に海王星

豊かな空想の世界を持ち、自分の中のインスピレーションを作品にしたいという要求がある。自分の作品の中に集合意識など誰もが共有するイメージが入り込むので、オリジナリティーとは何かという問題に直面する可能性。野外コンサートやジャンボリーなど一体感を楽しめる空間が好き。

5室に冥王星

芸術や遊びに対する極端な姿勢。全く遊ばずに過ごす時期もあるが、一度遊びだすと倒れるまで連日オールするといったふり幅の大きさ。基本的にストイックだが、タガが外れると豪遊する癖があり、自分でも禁欲と解放のカタルシスを楽しんでしまうので、ギャンブルや薬物への依存には注意する必要があるかもしれない。

第11室 友人と希望の部屋

友人、希望、幸運、未来を担う部屋です。この部屋が示す「友人」とは7室が示した「他者」と何が違うのでしょう。7室は伴侶、敵、パートナーなど対峙し向き合う相手です。友人の一人一人（個別）は、その人が直面する他者として7室に示されるのですが、7室の友人は交友関係という意味で、友達をグループとして全体的に捉えたときの友達です。

交友関係は、その時々でその人の未来に直結しています。人は、自分がこんなふうになりたいと思う交友に身を置くからです。それが学友であれ趣味の集まりであれ、スポーツチームであれ、本業（10室）を終えたあと、食事に誘い合いながらわいわい未来について語り合うのは、11室に描かれた交友関係の中です。

思春期に、親が友達のファッションや話し口調に眉をひそめて「○○くんと遊んではダメ」と注意された経験はありますか？ 親は、その子があなたの未来に及ぼす影響を恐れたのです。そのような注意を受けた子どもはとても嫌な気がして反発することがほとんどですが、それは自分の未来に親が干渉してきたという思いがあるからでしょう。

ハウスの構造は、自己の部屋である１室からみた角度で多くのことがわかります。例えば、親を示す部屋は４室だとしても10室だとしても90度の苦しい位置にあります。友達を示す11室は60度という生産的かつ楽しい角度にあります。

この部屋に惑星があると、その惑星が、その人の未来イメージや交友関係に影響を与えます。惑星の種類が友人のイメージに投影される場合もありますし、その惑星の意識を交友関係に向けるかもしれません。また、この部屋の惑星は、その人がどのように幸運を受け取るかを示す場合もあります。

11室に月

自分が属するコミュニティーに対する愛着が強く、困ったときに助け合えるという依頼心も持つかもしれない。そのときどきの心のニーズによって移ろいやすい交友関係。手帳に友人とのデートの予定が入っていないと少し不安。行きつけのお店のクーポンを集めたり、商店街のくじで当選したり、日常の中に小さな幸運が潜んでいる。

11室に水星

広く浅い交友関係が多く、多種多様な人との繋がりを持つ。いろいろなコミュニティーに出入りし、交友関係から得られる情報が未来を切り開く。スケジュール帳がすぐ埋まりダブルブッキングしやすいが、綱渡りでこなす快感もそこにはある。お得情報にアンテナがきき、それを利用することで恩恵を受ける。

11室に金星

理想を共有できる友と過ごす時間を愛し、そこから恩恵を受ける。一方で、対人面でギスギスすることが苦手なので、気を遣うことも多く疲れることも。楽しい時間を過ごしたいという思いから奢ったり、ご馳走したりと接待役になりがちだが、仲間から愛されることでチャンスや幸運が舞い込む。

11室に太陽

未来志向の理想主義的生き方。共に幸せになろうとするので、エゴに基づいた幸福の追求ができず、まず周囲や世界を平和にしてから自分のことに取り組もうとする。その結果、啓蒙的に周りに呼びかけたり、社会に働きかけて、それに成功しやすい。労働組合や、趣味の集まりの中心的存在。また、そういった組織のリーダーからチャンスや恩恵を受ける。

11室に火星

共通の趣味や嗜好を持った友人たちとの時間に多くのエネルギーを注ぐ。部活動やサークル活動には積極的に参加。そこでの催し物やイベントを提案したり運営したり。そういった活動を通じてチャンスや幸運が舞い込む。交友関係では、ともに優雅なひと時を過ごすというよりは、熱く議論を交わしたり、切磋琢磨しながら互いに向上できる関係に身を置く。

11室に木星（木星が喜ぶ部屋）

うっすらと「こうなるといいな」とイメージすると、その通りになるなど、思い通りの機会が巡ってくる幸運の持ち主。過去に何があろうと、明日はよりよくなると楽観的姿勢が、より多くのチャンスをもたらすので、持ち前の楽観性を否定しなくてよい。趣味のサークルや友人から受ける恩恵が多いので、友達を大切に。

11室に土星

未来への補償を必要と感じやすいため、自分の行動に対して保険をかけた動きをとる。電車の遅延や渋滞を計算に入れて早めに家を出る。おいしいものは最後に食べる。老後楽しめるように若いうちは贅沢しない、など未来に投資してそれに成功する。交友関係では信頼関係を重んじ、時間をかけて育み、長期的なつき合いの相手からの恩恵を受ける。

11室に天王星

不測の事態に強く、土壇場的状況からチャンスをつかみ取ることができる。社会情勢が不安定だったり、不況と言われるような時期に成功しやすく、平安時は不運ではないが本領発揮となりにくいかもしれない。個性的で変わった友人も多く、交友関係は唐突にリセットされやすいが、そのときどきで個性的な知り合いから幸運が舞い込む。

11室に海王星

浮世離れした友達。流動的な交友関係。曖昧なつながりを持つ関係が心地よい。夢からいい予感やインスピレーションを受け取る。共通の趣味嗜好を持った人々が集まる野外フェスやレイブなどで得られる一体感が好きで、そういったイベントに参加することで、幸運やチャンスが舞い込む。

11室に冥王星

危機的状況に追い込まれることで、覚醒して思わぬ力を発揮できる、ピンチがチャンスになるタイプ。幸運の部屋に冥王星を持つ人は、現状に固執して手放すことを恐れるよりも、勇気を持って底つき経験をすることでよりよい未来を切り開けることを念頭に置いておくとよい。キャラの濃い友達が多い。規格外な人に対して寛容で、そういった人から幸運を受け取る。

第6室 労働と奉仕の部屋

労働と雇用、農作業や大工仕事のような日常的な作業、家事やメンテナンス、健康管理もこの部屋です。ペットや小動物もこの部屋の管轄になります。

古くは健康問題を占うときに検証された部屋で、その人が患いやすい病気や体調不良の様子がこの部屋のカスプやルーラーに示されている場合もあります。

また、この部屋を「健康」の部屋とし、「病気」という表現を避けることも多いのですが、その人物の健康や体質が示されるのは生命の部屋であるASCと1室です。

6室は、2，8，12室と同じく1室からみてメジャーな角度をとる位置関係にない部屋、すなわち本人（1室）から見えない部屋という意味において、当事者意識を持ちにくい、本人の手に負えないとされる分野を担います。

この部屋に惑星があると、その人がある種の労働観（work ethic）を持つことがわかり、それを維持するための日々のメンテナンスや健康管理の方法などに影響を与えるでしょう。

また、惑星によっては、その人が体調を崩すきっかけとなる要素などが示される場合もあります。

6室に月

家事全般や日常のルーチンに組み込まれた作業に対してまめだし進んで動く働き者。休日であっても、結局平日にできなかった作業や、かかりつけの歯医者や病院、役所や郵便局周りに時間を使うことで心の平安を図るため、遊びに行くという気持ちにはなかなかならないかも。ペットを飼うことで情緒が安定する。睡眠リズムの不安定さ、脱水や浮腫みなど、体の水分量の増減に関わる体調不良の可能性。

6室に水星

数字と単純作業に強い職人肌。錠前をつくったり時計を修理したり、といった手先の器用さを要する細かい作業全般に才覚あり。校正、司会、言葉によるサービス、飛脚、流通運送業などに適正。神経を酷使することによる体調不良の可能性。また、密室や空気のよどみに弱いため、まめな換気を。

6室に金星

気難しい老人や子ども、かみ癖のあるペットなどを手なずけることができる。困っている人から必要とされることを望み、人を助けることに喜びを見出すが、その結果、周囲の要求に応えようとしすぎる問題も。甘いものや嗜好品の取りすぎ（あるいは与えすぎ）による体調不良、姿勢の悪さによる左右のバランスの乱れによる体調不良の可能性。

6室に太陽

看護、介護、サービス全般に縁があり、困っている人から必要とされる。現場監督やプロデューサー、兵隊をまとめる司令官など、労働者をまとめて調整を図る能力。前へ出るより組織の中で縁の下の力持ち的ポジションを得ると才覚を発揮しやすい。マッサージや指圧など身体に働きかける健康法が向いている。ペットを飼うことで人生がうまくまわる。子どものころは虚弱かもしれないが、しだいに体調管理がうまくなってゆく傾向。

6室に火星

家事や大工仕事、畑仕事などの作業やメンテナンスに熱心に取り組む。ペットが好きであれば一頭で収まらずに多頭飼い傾向。体調管理や健康に取り組む姿勢も熱心で、ドクターショッピングしがち。けがを発端とした体調不良、腫れや炎症による体調不良の可能性。

6室に木星

いつも用事の多い多忙な人。自分の雑用だけでなく、家族や人の仕事まで引き受け、あくせくしがち。安請け合い。仕事、育児、介護から解放されたと思ったらペットの多頭飼いなど。困った人から必要とされたいし、そこからチャンスや幸運が舞い込んでくる傾向も否めないので、結局多忙。忙しく立ち働いている結果、身体は丈夫で体力にも恵まれる。

6室に土星

あらゆる労働や家事、雑用に対して気が重く、面倒だという感覚を抱きがち。また、家事や健康管理に対して独特のルーチンを持ち、それを完璧に毎日こなすことに固執し、多くのエネルギーをそれにとられる。身の回りの作業に発動する完璧主義。致命的ではないが慢性的な疾患を患いがちで、ずっと気にしている症状があるかもしれない。

6室に天王星

独自のタイムテーブルで家事や雑務、労働をこなす人。古い慣習に何の疑問も抱かずに従うのではなく、一工夫を加えて改良したい。混雑のピークに動かず、人がはけてから出かけるなどリズムをちょっとずらして働くことで効率を上げるなど。我流で独得の健康法。

体調を崩すときは、突発的で奇妙な症状が現れやすい。

6室に海王星

家事や雑務がカオスになりやすく、どこまでの範囲が自分の作業分で、どこからが家族や他者なのかの境界線があいまい。場合によっては、ゴミ収集所など共有スペースや私道の草刈りもいつの間にか請け負うはめになったり。逆に共同廊下に傘や荷物などの私物を放置などの迷惑もかけてしまうかも。

オフィスでもやはり自分の仕事と他者の仕事の境界線が理解しにくいために、相互に煩雑になり依存し合う恐れあり。体調面では、他者の体調不良の影響を受けるし、はやり病には感染しやすい傾向。

6室に冥王星

家事や雑務に関して、完璧に整えるか全くやらないかと極端性を発揮。労働観も極端になりやすいため、倒れるまで働く時期と全く働かない時期を行き来する傾向があるかもしれない。人を雇用するとブラックになりやすいし、一方で自腹を切って社員の犠牲になる場合もあってちょうどよい頃合いを見つけにくいため、何でも一人でやることに落ち着く。健康状態は極端な無理をすることで崩す傾向があるので、早めのブレーキを。

第12室　秘密と盲点の部屋

目に見えないものや、本人の知るところで

はない敵、無意識に恐れるもの、大型動物や架空の動物などを扱う12室は、古くは投獄や幽閉、暗殺、呪いといった穏やかではない要素を担う部屋でした。こういった解釈は、ホラリー占星術においては有効かもしれませんが、6室の病気と同じくそのまま出生図の解釈に適応するには無理があります。

出生図における12室は、生命と自己の部屋である1室からみて、盲点になる4つの部屋（2室お金、6室病気、8室死、12室隠された敵）の一つです。盲点の中でも、夜明け直後に位置するこの部屋は、夢から覚めてまだ朦朧としている状態の魂が、この世で生きてゆく上で自分の弱点として普段はふたをしている要素を担うように思えます。

この部屋に惑星があるとその人は、日の当たる世界ではふたをされて直視しないような分野や、普段は意識に上ってこない潜在的な意識に対して、何らかの関心や関わりを持つでしょう。また、ここに在る惑星は、その人がどんなことを恐怖するかの手がかりとなり、意識することで、克服する助けになるかもしれません。恐怖する理由は、この部屋が本人から見えないからで、人は見えない（知らない）ものを恐れますから、ホロスコープリーディングという俯瞰の視点を利用して恐怖と対峙してみましょう。

12室に月

自分の本心を隠す癖。まわりからみて私生

活が謎な人。表層的、あるいは物質的な要素よりも、目に見えない世界のほうに親近感を感じる。文章であれば、書かれていることよりも行間のほうにフォーカス。大多数が活動する時間帯や場所を避けた生活に安心感を得やすい。何か（誰か）に繰り返し関わることや、過度に愛着を抱くことに対する恐れを持つかもしれない。

12室に水星

自分の考えを述べることに躊躇がある。無口。何を考えているのかわかりにくい人と言われることがある。エソテリックな思想を持つ。人生の秘密を知りたい。大通りより裏道を選びがち。象形文字など解読しにくい言語に興味がある。忍者好き。陰口、言葉巧みな洗脳、契約書などの定型文びっしりの書類に対して恐怖感を抱く。

12室に金星

ひそかな楽しみを持つ。自分の中の喜びを解放したり快楽を知られることに躊躇がある。愛情表現が控え目あるいは、好きだと言えない。家族に隠れてケーキを食べる。秘密を楽しむ。神秘的なもの、形のないものにロマンを感じる。華美なものやかわいらしいものにある種の恐れを抱く可能性。美醜恐怖。

12室に太陽

一般的な休日やハレの日に働くなど、大多数ではない生き方。霊的な生き方。表舞台ではない場所で活躍したり輝いたり。人がやらない方向や盲点をついて成功したいし人生の裏技を模索する。はたからみると何で生計を立てているのか謎な人。目に見えないもの、形のないものに対する関心。のびのびと自己主張することに苦手意識を持つ。注目を浴びること、目立ちすぎることを恐れる傾向。

12室に火星

怒りの抑圧。積極性を見せることが恥ずかしい。人を押しのけて前に出るわけにはいかない……、など欲望や活力を表に出すことに抵抗感がある。ギスギスさせることも苦手で、クールであろうとする。マッチョではないダークヒーロー好き。本気で怒ったときは無視かサボタージュ。攻撃的な人や暴力に対する恐怖心やトラウマ。

12室に木星

どこまでも広がる内的世界を持つ。嫌なことがあっても、窓の外をみて白昼夢にふけるとそこから抜け出せた一方で、恐ろしいことを考えつくと眠れなくなるような空想力豊な子どもだったかもしれない。神様を信じたいが印が見当たらない。善意を見抜かれることを恐れる。人の悪意や偽善が怖い。

12室に土星

人知れない努力を知られたくない。隠れて努力する、あるいは自分が頑張っているということをあまり自覚できず、気がついたら思っていた以上に疲れていることも。テスト前に「全然勉強してない」と言ってしまうタイプ。重荷を背負ったり、責任を取ることに対する恐怖心。苦しむ人や苦しむことを恐れる。人生のタイムリミットを意識したくない。

12室に天王星

突発的な出来事や不測の事態に弱い。あるいは、そういった不測の事態を考慮せずに予定を組みがちなので、スムーズにいかなかったときの言い訳が「こんなことになるとは思わなかった」になりやすい。正常性バイアスがかかりすぎているか、一度失敗するとPTSD状態で不要な恐怖心に捕らわれるかの極端性が芽生え、災害や事故に対する必要以上の恐怖感に行動を抑制されるかもしれない。

12室に海王星

物事を文字通り受け取り、嘘を嘘と見抜くことが難しい。が、騙されやすいかというとそうではなく、どちらかというと疑り深い。無秩序なものや実態のないものへの扱いがわからない。夢をみないか、みたとしてもあまり憶えていない。はやりすたりや、お金の流れに疎いか無頓着。陰謀やまやかし、国家規模（大規模）の詐欺に対する恐怖。

12室に冥王星

運命に身を任せることができない。大いなる存在や定められた宿命に抗おうとする。同調圧にも流されない。例えば徴兵から逃れようとしたり、被災した故郷を捨てるなど、時代の潮流にも逆らおうとするかもしれない。神秘的な事柄や未知の世界などに対する過剰な期待かその逆の全く信じることができないかの両極端。死に対する恐怖。

第6章

アスペクト～座相

アスペクトとは、惑星と惑星の間に派生する角度のことです。惑星同士の位置関係に意味を見出し「座相」として占います。

イメージとしては、会議室に擬人化した惑星たちが座っていて、座る位置によって緊張関係が生まれたり、仲間意識が芽生えたりする様子を思い浮かべるとわかりやすいでしょう。お見合いや面接のように、向かい合って座る（180度）と、どうしても緊張が生まれ、真剣なやり取りが成されます。会議室で隣に座った者同士（0度）は、目配せし合ったり小声で情報交換をするうちに、同類扱いされたり、ひとくくりの意見としてまとめられたりしがちです。デートでは、ちょっと斜め横（60度）に座ってもらったほうが話しが弾み、斜め向かい（120度）の相手には好印象を持ちやすいでしょう。このように、主体となるもの（惑星）の位置関係には意味が生じるという考えがアスペクト占いです。

アスペクトにはサイン間で幾何学的に派生するプトレマイオス式5種（＋2種）と、円を分割して音階的に派生するケプラー式13種などがありますが、本書では前者5種を扱います。

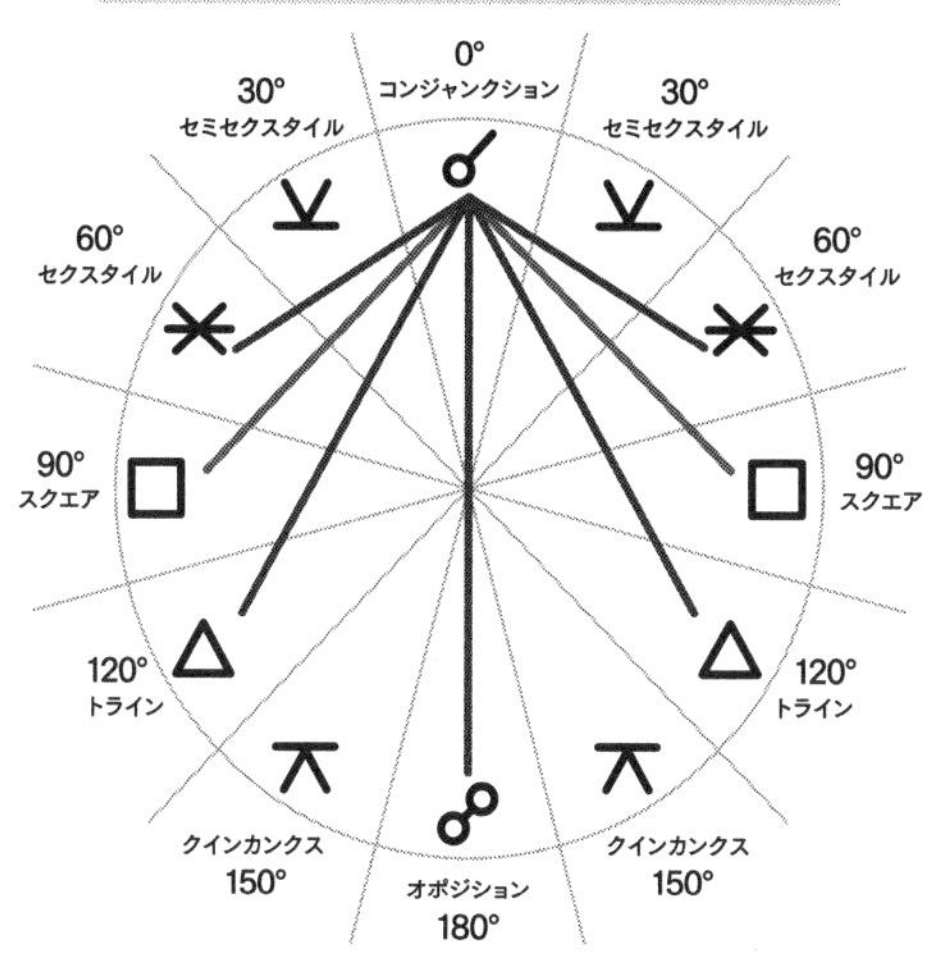

０度、60度、120度、90度、180度の５種が、**メジャーアスペクト**と呼ばれ、主だった明確な位置関係となります。30度と150度は**マイナーアスペクト**と呼ばれ、その影響を考慮しないこともあります。

30度、60度と120度は、**ソフトアスペクト**、古くは吉座相と呼ばれ、安楽な影響があるとされます。90度、180度、150度は、**ハードアスペクト**、あるいはチャレンジングアスペクト、古くは凶座相と呼ばれ、努力を要する座相とされます。０度には吉凶なく、強い影響力があるとされます。

アスペクトそれぞれの意味

影響力が強いものから順に意味の説明を行います。キーワードは、単独で派生する角度の解釈の参考に、よりリアルな解釈は、「複合図形」の説明を合わせて読まれることをおすすめします。

☌ 0度 コンジャンクション

ニュートラル

惑星が同じ位置にある状態で、通常はジェンダー、モード、エレメントのすべてが一致。

会合、強調、協力、同意、合意、同じ立ち位置、惑星同士の意味がまじりあう

☍ 180度 オポジション

メジャー：ハードアスペクト

ある惑星の対向の位置に惑星がある状態で、通常はジェンダー、モードが一致。

客観性、向き合う、対向、対峙、対決、無視できない、鏡、結婚、完成、敵、表裏一体

□ 90度 スクエア

メジャー：ハード

ある惑星に直角の位置に惑星がある状態で、通常はジェンダー、モードが一致。

対立、葛藤、引っ張り合い、シーソー、横槍、研磨、切磋琢磨

△ 120度 トライン

メジャー：イージー

ある惑星を起点として正三角形の一角に惑星がある状態で、通常はジェンダーとエレメントが一致。

幸運、調和、安楽、生産的

⚹ 60度 セクスタイル

メジャー：イージー

ある惑星からみて2つ隣、1個のサインをまたいだ六角形の一角に惑星がある状態で、通常はジェンダーが一致。

盛り上がり、楽しさ、発展的、相乗効果、相乗的に煽りあう

⚺ 30度 セミセクスタイル

マイナー：イージー

ある惑星からみて両隣のサインに惑星がある状態で、通常はジェンダー、モード、エレメントのすべてにおいて一致がみられない。

無関心、無理解、放任、ある種の割り切り

⚻ 150度 クインカンクス

マイナー：ハード

ある惑星からみて対向のサインの両隣に惑星がある状態で、通常はジェンダー、モード、エレメントのすべてにおいて一致がみられない。

ちぐはぐさ、相いれなさ、ディスコミュニケーショ

ン、自嘲的、自笑的、俯瞰の姿勢

複合図形

◆Tスクエア

軸になる惑星の両方向にスクエアが派生し、二等辺三角形の底辺がオポジションになる状態。

同じクオリティー間でできる複合図形で、活動宮、不動宮、柔軟宮のいずれで派生しても、そこに強烈な引っ張り合いと緊張が起こります。二つの緊張した引き合いにオポジションが客観性を加えるため、一つの方向に邁進しようとしたとき、二方向から意義申し立てと客観的評価が否応なく下されている状態を思い浮かべてください。Tスクエアは切磋琢磨の図形です。

活動宮のTスクエア

一方向に走り出したと思ったら、第二、第三の急務からの横槍が入り、「どれもこれも中途半端でやるせないが、どれもこれも今すぐ着手したほうがよさそうで、後回しにはできない」という客観的な声まで入り込むため、片時も休まらずに奔走する状態になりやすいでしょう。

エネルギーが分散するため、一つ一つは雑

になるかもしれないが、とにかく仕事が早い印象を他者には与えます。「仕事は忙しい人に頼め」との説がありますが、それを地で行く人です。隙間時間に着手しないと、忘れてしまうのでとにかくやっつけてゆく人なのです。

不動宮のTスクエア

どの要素も捨てられない。早さも安さもうまさも全部必要、といった三方向のこだわりを貫こうとする角度です。

捨てる要素を決定できないため、完成に時間がかかることは当然ですが、完璧主義がすぎるとどこにも着手できない膠着状態にもしばしば見舞われるでしょう。

はたから見ると「その間は何だ？」といぶかしくうつるかもしれませんが、隙のない仕事を仕上げる職人的気質があることも伝わってはいるでしょう。周囲の理解を得るためには、黙り込まずに説明する努力が必要かもしれません。

柔軟宮のTスクエア

全方向に配慮してコンプライアンスが果てしなく研ぎ澄まされてゆく配置。何か言おうとすると、それを言われた相手の気持ち、それを言い合う二人を目撃した人の目線に想像が及び、何も言えない現象が日常な人。配慮のしすぎ、空気の読みすぎがネックとなって何をするにも迷いと躊躇がつきまとい、選択肢を減らすために自分の欲求を後回しにすることも多いでしょう。

　はたから見ると極めて思慮深く、全方向に気遣いのできる人という印象と共に、危なっかしく、いつか張りつめた糸が切れるのでは？　という印象も持たれるかもしれません。

◆グランドクロス

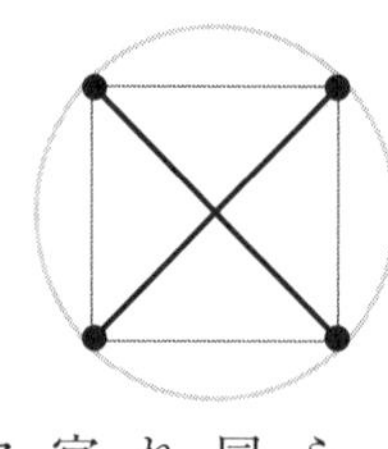

　90度が４本と180度２本から成る正四角形。すべてが同じクオリティーで形成され、活動宮、不動宮、柔軟宮のいずれかのグランドクロスとなります。
　解釈は、Tスクエアと同じように一つのクオリティーの特性を強烈に強めますが、Tスクエアとの違いは、４つの元素が勢ぞろいすることによる完成度の高さです。Tスクエアが「葛藤」や「引っ張り合い」までだったことに対し、グランドクロス化することで、とことんまでそれを貫いた結果、抜け落ちがなくなり、葛藤の向こう側に到達できる可能性を示す図形ともいえるでしょう。ただ、そこに至る道は大変な努力と絶え間ない働きかけを要することでしょう。各クオリティーがどのように切磋琢磨するかはTスクエアのテキストを参考にしてください。

◆グランドトライン

　３つのトラインによる正三角形が形成され、元素がすべてそろった状態です。６度程度の

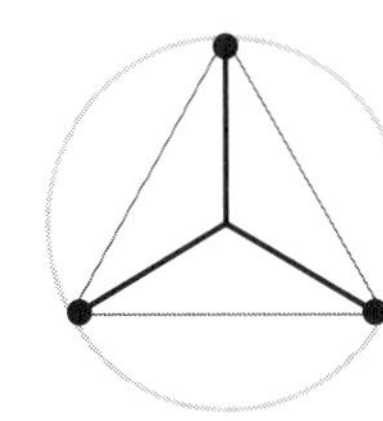

オーブでグランドトラインを考えてもいいのですが、オーブから大きく外れていても、一つの元素すべてに惑星を持っていると、その元素に対してグランドトラインのようなセンスを有するものと考えて差し支えありません。オーブが狭くなればなるほど、接近の角度であればなお、影響力が強まります。

元素が勢ぞろいすることで、トラインの持つエネルギーがさらに安定的に働く完全体となり、調和が整った状態がもたらされる図形です。無理をしたり、努力して場をつくったり、気を使ったりせずともそこには平安がもたらされます。

一方で図形として安定しすぎた結果、そこから外れた要素に対する配慮や想像力は及びにくく、排他的様子をもたらしたり、他者との間で（シナストリーチャートにおいて）グランドトラインが完成させられると、その関係性が定着して抜け出せなくなるという要素が出てきます。

火のグランドトライン

精神論でなんでも解決できる熱血漢の出来上がりです。病気も貧困も気合とやる気で治そうとするだろうし、弱者に対しても努力が足りないか、嘘をついているからだなどの解釈をして安心（同情せずにすむ）しようとするかもしれません。明るく正々堂々としていれば、なんとかなると信じるし、実際にその信念がこの人の運命を切り開き、火としての大きな恩恵と幸運を受け取ることができるでしょう。

土のグランドトライン

結果が全て、そこに至る道での努力や手段は厭わない性質を持ちます。最悪の事態を想定して合理的なムーブができるでしょう。成果が出ないことに対しては、関心を持ちにくいし、無駄を嫌って容赦なく切り捨てることも。人々の生活の役に立つ方法を模索しながら、労を惜しまずに自ら現場で動くし、実際にその動きが次々に実を結び、豊かさを手にすることができるでしょう。

風のグランドトライン

時代の風を読み、風をあやつる人気者。情報が氾濫する世の中にあっても、何が偽りで何が事実かを見極めるセンスを持ついわゆる情報強者でもあり、メディアをうまく活用することができます。風通しのよい通路、社交界の震源地（台風の目）にいることが多いため、人の噂も集まりやすく耳に入りますが、それに惑わされません。弁論を操る能力に恵まれていますが、それ以上に言ってはいけないことを言わず、追い風が来るまで黙って待つ聡明さがあるでしょう。

水のグランドトライン

どこまでも広がる豊かな内的世界を持つ人です。厳しい現実世界に順応するにはあまりにもやさしくみえるのに、泥にまみれてすべてを飲み込み許す強さも持ち合わせています。それは、水の三角を有する人が持つ柔らかさと浸透力、つまり子どものような順応性のなせる業かもしれません。環境に染まりやすいので、愛情いっぱいに育つか、家族の憎しみを受け継ぐかで性質が左右されるのですが、最終的には許すことを選ぶのが水の三角です。

◆カイト

グランドトラインが有する安定感や安楽さに、客観的視点（オポジション）が加わることで、幸運に努力を合わせることができる図形です。グランドトラインは幸運に胡坐(あぐら)をかくという排他的性質も出てきやすいのですが、カイトの場合は胡坐をかいて終わらないところがすごいところです。

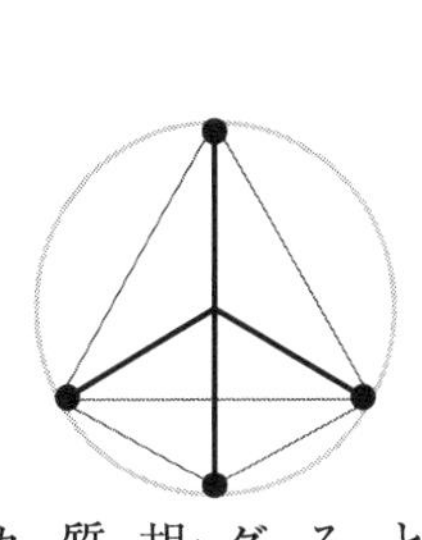

カイトは4種類できうるので、グランドトラインの基本的意味と合わせてそれぞれのカイトの性質を理解してください。

火のグランドトラインに風のオポジション

火の熱意に風の弁舌が加わった雄弁な状態。

土のグランドトラインに水のオポジション

土の政治に水の心が加わった真のリーダー

状態。

風のグランドトラインに火のオポジション

風の音楽会に火の熱狂が加わった野外フェス状態。

水のグランドトラインに土のオポジション

水の好きという気持ちが土に染み渡り肥沃な土壌が育まれる状態。

◆マイナーグランドトライン（小三角）

セクスタイル2本からなる二等辺三角形の底辺がトラインとなる小さな三角形。トラインが持つ安楽さにセクスタイルの位置にある惑星が活気を与える構造になっていて、比較的頻発する複合図形です。

これが形成される場所には、絶え間なく自家発電するようなエネルギーが起こります。火と風、土と水間の相乗効果によるものです。

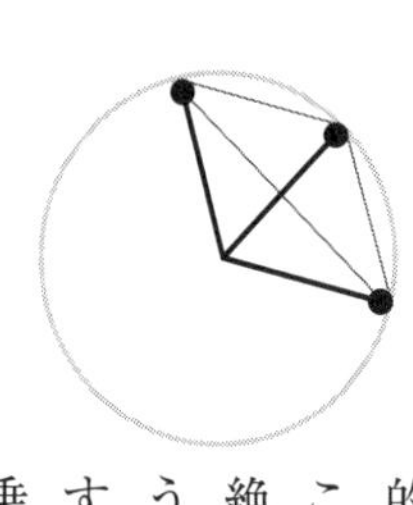

男性宮の小三角

火のエレメントが風に煽られる様は、例えるならば焚火に息を吹きつけた状態で、酸素を餌に火はその勢いを増します。冒険をしようとイカダを沖に出そうとする少年（火）に地図を与える（風）ような組み合わせは、毎日珍事件が起こる「トムソーヤの冒険」のような発電所で、私は火と風の小三角を「男子校ノリ」と呼ぶことがあります。

女性宮の小三角

水と土の小三角は、流れる水を受け止める器のように、情愛（水）を受け止めるコップ（土）の組み合わせであり、永遠の愛を誓うときに渡すダイヤの指輪でもあります。

水は乾いた土に沁み込みながら、バラバラだった砂をひと固まりの何かにする力を持ちます。土と水の組み合わせを「女子会」あるいは「女子高ノリ」としてイメージすることもあります。

出生図に小三角を持つ人は、そこが発電所となり、常に何かで盛り上がり退屈することを知らないムードを持ち、その結果そこに加わりたいと感じる仲間を集める力を持つ人が多いのです。「何だか楽しそう、一緒に冒険したい」「何だか楽しそう、一緒にアフタヌーンティーとしゃれこみたい」と思わせる吸引力を持つ人です。

◆ミスティックレクタングル

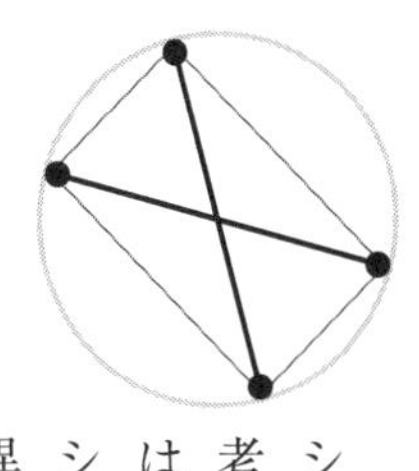

この長方形を、オポジションのバリエーションと考えるか、トラインあるいはセクスタイルのバリエーションと考えるかで解釈が異なってきます。私はこの図形を、二つのオポジションの緊張を調停する位置（セクスタイルとトラインによる調停）に惑星がハマっている状態だと考えます。そ

の場合、オポジションがもたらす強い緊張と客観性を、ある程度リラックスしたり、なだめている状態で発揮できるのがこの図形のすばらしさです。

緊張しすぎると結果は出しにくいのですが、ほどよく力を逃がす要素があることで、実力以上の結果を出せることとは、スポーツやオリンピック選手のマインドセットとして自明ですね。

ミスティックレクタングルはジェンダーを強調する配置でもあるため、マイナーグランドトライン（小三角）で説明しました、「女子高ノリ」と「男子校ノリ」をプロフェッショナルな状態に持ち込む可能性を秘めた図形と言えるでしょう。そのため、部活の先にある大会、大会の先にあるオリンピック、オリンピックの先にあるプロへと、この図形がその持ち主を導くことができるのかもしれません。

◆ハーモニックコンコーダンス（六芒星）

六芒星は、トライン二つ、オポジション3本、セクスタイル6本から成り立つとても安定した図形です。一つのジェンダー（男性宮、女性宮）の過剰さが起こります。

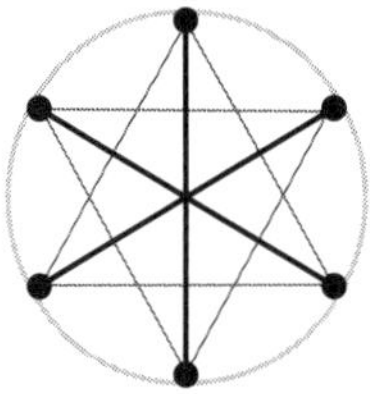

六角形は自然界で最も多い形状で、雪の結晶、クリスタルを真上から見たとき、ハチの巣、海洋生物の骨、昆虫の複眼などすぐに思

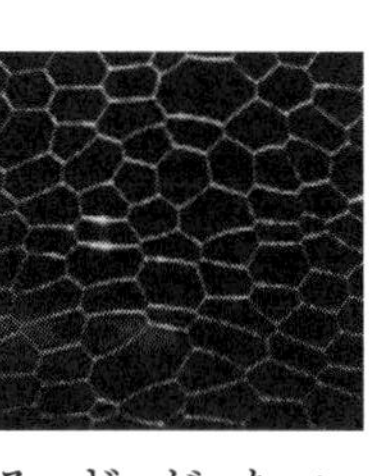

い浮かぶだけでも多岐にわたります。自然界に六角形が多いのは、最小のエネルギーで最大の安定が得られる骨組み構造を持つからと言われており、プラトーの法則では、シャボン玉が隣接したものと交わる面が常に三つの境界線からなる120度で繋がり、そこで安定することからもこの図形の持つ美と力を理解することができるでしょう。

　この極めて安定した図形を出生図に持つ人は、人生が自然に引き寄せるイベントがすべて生産的方向性を有する傾向にあり、それに対してただただ真摯に応えるという感覚を持つかもしれません。

　例えば、特に安定した複合図形を持たない人の人生観は、自分から積極的に何度も働きかけたことの小さな結果を受け取るというのが、当たり前のプロセスですが、六芒星を持つ人はほんの少し望んだり、働きかけたことが次々と周囲を巻き込み、雪だるまが転がって大きくなるように様々な効果が生まれてしまいます。

　そうなると、自分の考えや働きかけに対して敬虔な気持ちになっていくし、間違った働きかけをしたくないと感じるようになるでしょう。また、自分の身に降りかかる幸運も不幸も、同じく〝塞翁が馬〟で自然な流れなのだと受け止める傾向にあるはずです。

◆YOD（よっど）

YODは、二つのクインカンクスをセクスタイルがつなぐことで成る細長い二等辺三角形です。

Tスクエアもマイナーグランドトラインもそうですが、二等辺三角形の場合、頂点に位置する惑星がカギを握ります。YODの場合は、頂点の位置にある惑星が、底辺のセクスタイル関係にある二つの惑星の意味するところにのみ限定的に機能すると考えられます。

例えば土星が、金星と火星によるセクスタイルを結ぶ頂点に位置していたとして、金星と火星のセクスタイルがもたらす恋愛的エネルギーやモテエネルギーに対してのみ、限定的に使える土星と読みます。土星はルールや規制なので、この人物はモテに対する自分なりのルールや尺度を持ち、それを様式化してゆくようなイメージです。

◆YODカイト

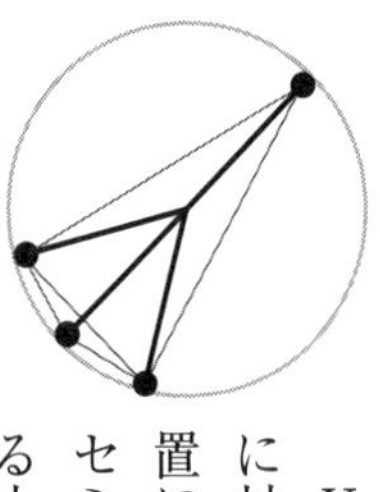

YODの頂点にある惑星に対してオポジションの位置に第四の惑星が位置し、セミセクスタイル二つによる小さな三角形が形成されている状態の図形です。

YODの持つ意味に、オポジションが持つ客観性や実現能力が加わることで、YODのテーマを仕事にしたり、より具現化しやすくなると考えてよいでしょう。

アスペクトが成立しているとされる条件

◆オーブ

オーブとは、角度が成立しているとみなす「範囲」のことです。

ホロスコープ作成ソフトなどでは、設定条件を与えて、自分の使いたい占法を入力できるようになっていると思います。範囲は1度～8度程度に設定して差し支えないのですが、惑星間に角度が座相として成立しているかを定義づける物差しは一つではありません。

1 左右均一にとる方法

惑星を中心に左右同じ範囲だけ設定すればよく、シンプルに考えることができます。範囲を設定する理由は、広く取りすぎると、例えばクインタイル（72度）とセクスタイル（60度）が互いの範囲に干渉し合う事態もあるからです。オーブが狭ければ狭いほど座相の持つ影響は強くなり、その意味は強制力を発揮することになるでしょう。

ほとんどのホロスコープ作成ソフトがこの幅を設定でき、私は6度に設定していることが多いです。

２ 接近と分離で広さを変える方法

接近はぴったり重なる完成に向かって惑星が進んでいる状態で、分離は重なってから離れてゆく状態です。ホラリー占星術や、マンディーン占星術においてアスペクトを考えるときに重要視されます。

接近と分離を見分けるには、惑星たちが黄道上を反時計回りに進行していることを知り、より速く移動する惑星がより遅い惑星に向かっていく原理を理解しておく必要がありますが、ホロスコープ作成ソフトで設定できるものも多いでしょう。その場合、接近は6度手前くらいから、分離は0度か1度程度に設定するとよいでしょう。私は、特に設定せず左右均等オーブ設定のまま目算で接近と分離を判断しています。

３ モエティ（光の及ぶ範囲を惑星ごとに設定）

モエティとは、惑星本体から光がぼんやり届く範囲内の半径を指した概念で、惑星によってその本体と光の及ぶ範囲が違います。

太陽は、そもそも恒星なので、とても明るく、その光が及ぶ範囲は最も広く設定され、小さく暗い惑星は狭い範囲がその一部とされます。

そもそもオーブとは、球体の意であり惑星そのものを指す言葉ですから、惑星を目視したとき、その本体をくっきりみているのではなく、光の及ぶ範囲全体を惑星だと認識しているので、座相の範囲の根源となった考えはここにあるのだと思われます。

実際の占断の場合も、自分の経験から太陽と月に関しては他の惑星よりも広く考慮しながらチャートを読みます。とはいえ、私はホロスコープ作成ソフトの設定で、いちいち惑星ごとに個別に設定はしていません。こちらも2番目の接近分離と同じく目算で考慮しつつ読みます。

4 サインをまたいで（アウトオブサイン）考慮するかしないか

プトレマイックアスペクトは、そもそもサイン同士の位置関係から派生しており、例えば春分点の起点である牡羊座を軸に考えると、それに対する90度スクエアは、夏至の起点である蟹座と冬至の起点である山羊座となります。

180度オポジションは、対向のサインである秋分の起点にある天秤座です。そして、120度トラインは、牡羊座を起点に考えた場合、同じ火のエレメントである獅子座と射手座で調和し、火の性質を共有します。60度セクスタイルは、火からみて同じジェンダーである風の水瓶座と双子座で、火のエネルギーを煽っています。

左右均一に6度のオーブで設定した場合、ときにサインをまたいでアスペクトが派生します。例えば、牡羊座の0度と蟹座29度に惑星がある場合、角度は119度となり、計算上120度トラインと表示されるでしょう。

しかし、牡羊座と蟹座は火と水で、しかも共に季節の起点となるサイン同士でまったくカラーの違う相いれない位置関係であり、90度スクエアな関係であることは明白です。

例えば太陽が牡羊座にあって月が蟹座にある人は、惑星同士の角度が119度トラインであったとしても、火と水の二面性からくる葛藤を公私に抱えることでしょう。

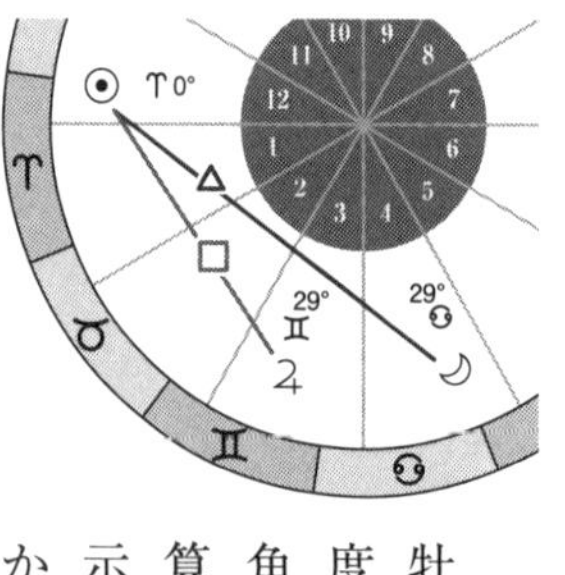

もう1つの例として、牡羊座0度と双子座29度に惑星がある場合、角度は89度となり、計算上90度スクエアと表示されるでしょう。しかし、牡羊座と双子座は火と風で、共に男性宮にあることから互いを否定し合うことなく盛り上がる関係にあるでしょう。

結論としまして、以上の理由から、私はアウトオブサインに生じる角度は成立しているとみなしません。ただし、0度コンジャンクションの場合のみ、互いの光が混じり合うという点で、サインが異なっていたとしても影響し合うとしてひと固まりに扱うことがあります。特に四分円において同じハウスに集まる惑星たちがサインをまたいでいたとしても、そのハウスにともに影響を与えるものとして読むことがあります。

アスペクトを読むときのポイント

・角度をつくる惑星そのものの意味は変わらない

ソフト→受け入れやすい形での影響（肯定、サポート、盛り上げ、排他的）

ハード→厳しめに出やすい影響（努力、工夫、客観的視点）

・惑星の影響は公転周期がより遅いものがより速いものに強制力を発揮

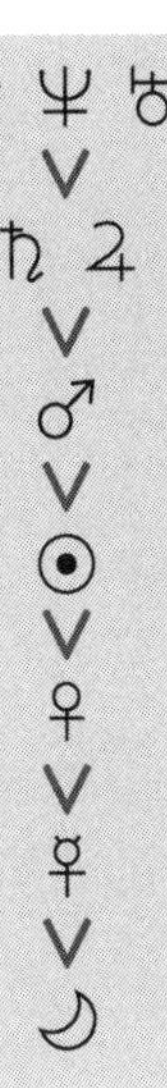

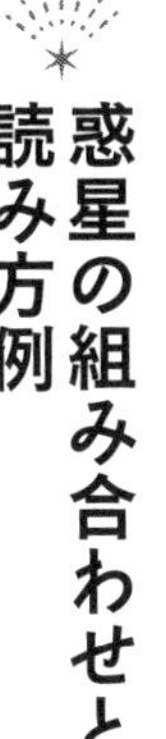

惑星の組み合わせと読み方例

惑星と惑星間にアスペクトが成立していると、ある一つの方向を持った意識に対して、別の意識が同意（コンジャンクション）したり、援護（ソフトアスペクト）したり、異議（ハードアスペクト）を唱えたり、していることが見て取れます。

例えば、蟹座金星が9室にあったとして、その意識は「仲間との旅行と楽しいね！」という意識です。これに対して、牡羊座土星が6室からスクエアの角度をつくっていたとしたら、「体調管理万全かな？　乗り物酔いとかしない？　そうなったとき一人で対処しないと仲間の迷惑になるよ?」という意識が働くわけです。そうすると、その人は「仲間と旅行は楽しそうだけど、意外と一人のほうが気楽でいいわねー」などと言い出す。

そして、その言動のどこかに金星への抑圧(スクエア)が潜んでいるので、体調不良など気にせずに和気あいあいしている集団をみると、「旅先でハメ外して大騒ぎしちゃって、みっともないわね!」なんてことを言い出すかもしれません。

「アスペクトを読むときのポイント」で述べた通り、より遅い天体は、より速い天体よりも長期的で深い影響になりますので、表面化していく順番は惑星の公転周期が速いものから遅いものへの順になります。

例えば、先の例で説明した「蟹座金星9室スクエア牡羊座土星6室」の人が、さらに乙女座海王星11ハウスからのセクスタイルをくだんの金星に持っていたとしましょう。その場合、いったん土星に抑圧された金星を解放してくれる要素として、海王星が働きます。そのため、「旅行は空想の世界のほうが自由で楽しいし、バーチャルなネットゲームなんかで金星を解放します」と打開策へと向かうかもしれません。

惑星の意識が発動する順番が、金星♀→土星♄→海王星♆となっていることを、理解できたでしょうか?

このように、アスペクトを読むときは、惑

星の組み合わせだけではなく、在泊ハウスが持つ葛藤や相乗的意味合いも考えながら適格に文法を組み立てる必要があります。

ここでは、惑星の組み合わせ同士で単純化したアスペクト解釈のリストを紹介しますが、最終的なリーディングはハウスも合わせて読むべきだと心しておいてください。

惑星の組み合わせ例

0度は、ソフトとハードの両方の面が、常に張りついたような感覚で、自発的に出てきます。

0以外のアスペクトは他者に投影した形で経験することもあり、かならずしも自発的に意識しないこともあるでしょう。

特に90度の場合は、それが自発的というよりは不意打ち的に反駁する要素が入ってくるという印象を本人は抱きがちで、180度は、常に何かから監視されているような感覚を持ちやすいでしょう。

ソフトアスペクトとハードアスペクト（P.191参照）の解釈の対比とともに、惑星と惑星が角度をとるときは、惑星Aの要素と惑星Bの要素が、「何と何との関係」であるかの例を対比しておきましたので、解釈の参考にしてください。

惑星間にメジャーなアスペクトがない場合は、惑星が本来持つ意味が純粋に発揮されます。他の惑星の干渉が入らないからです。他の惑星からの意図がブレンドされないことは、芸術性とも関係がありそうです。芸術とは実用性がないことと考えることもできるからです。ノーアスペクトの惑星のイメージを想像しにくい場合、惑星に例えられる神様が持つ美しさに目を向けてもよいでしょう。

例えば水星にアスペクトがなければ、ヘルメス神が誰の命令や干渉も受けずに、自分の時間を楽しんで飛び回っている様を思い描く、といった具合にです。

月と他の惑星とのアスペクト

月―水星

心と思考との関係／感じ方と言動との関係／日常生活と回路との関係／母子と対話との関係。

ソフト 心の伴った言動、素直な言動、伝わりやすさ、心に響く言葉、気持ちに沿った思考、親子の意志疎通が自然。

ハード 好きな人に嫌いと言うなど、自分の言動が自分の心を傷つける構造を持つが、月と水星がアスペクトを持たない人よりは、結局は「あまのじゃくなだけ」という具合に、相手には伝わっている、親子間で気持ちの説明や感情的なやり取りが多い傾向。

月―金星

心と喜びとの関係／日常生活と美意識との関係／感じ方と楽しみ方との関係／母子と趣味嗜好との関係。

ソフト 心から楽しめることをする。自分へのごほうびなど、日常に小さな喜びを持ち込もうとする。母子で共有できる趣味がある。

ハード 多少心に負担のかかる楽しみ方、笑い上戸、ラグジュアリーな過ごし方、贅沢癖、母子で趣味は合わないが趣味を共有できる。

月—太陽

習慣と創造との関係／内面と外面との関係／私生活と公の顔との関係／母と父との関係／妻と夫との関係／心と意志の関係。

ソフト 自己矛盾の少なさ、わかりやすいお人柄、どんな性質を持つにせよ周囲の理解を得やすい、母と父が仲良し、あるいは仲良しでなくてもあなたに接するときは同じような意見かひとかたまりの同盟のような形であなたを教育していた。

ハード 二面性、自己矛盾、セルフツッコミ、自責の念、複雑さ、多様性のある性質、周囲の理解を得にくい面も、母と父との対立、母と父とが異質な性質を持っている、母と父どちらかに加担すると、もう一方を否定することになる構造。

月—火星

心と焦りとの関係／日常生活と活力との関係／気分と怒りとの関係／母子と怒りとの関係。

ソフト やる気、活気、家事に対するマメさ、積極的に動く、何事も速く動いたほうが得という感覚を持つ、親によく急かされていた。

ハード イライラしやすい、怒りっぽい、焦り、急き立てられたような気持ちが張りついていて休まらない、よく怒る母、母に対する怒り。

月―木星

心とその広がりとの関係／日常生活とゆとりとの関係／感じ方とその許容度との関係／母子と褒美の関係。

ソフト 情感豊か、おおらかさ、あれこれと用事の多い賑やかな日常、だいたいのことは「まぁいいか」と思える寛容さ、包容力のある親、善良な母。

ハード 感情の起伏が大きい、日常が煩雑で多忙、許しすぎてしまう、必ずしも本人が欲するところでない部分での甘やかし、おやつやゲームで機嫌を取る親。

月―土星

心と憂鬱の関係／日常生活と規律との関係／感じ方と制限の関係／母子と躾けとの関係。

ソフト 落ち着きがある、自己管理能力、日常のルーチンやタイムテーブルがしっかりしている、しつけが行き届いたムード、分をわきまえた性質、厳しい親だったが感謝もしている、老成した子ども。

ハード 落ち込みやすさ、生活様式の中に多くの「べき、べからざる」があり、それから外れたものを受け入れることが難しく感じる、コンプレックスの強さ、自己肯定感の低さ、厳しい親とそれに対する強い反発心、押さえつけられたという感覚。

月―天王星

心と心変わりとの関係／愛着と分離の関係／日常生活と不測の事態との関係／感じ方とユニークさとの関係／母子と自立の関係。

ソフト 心変わりしやすさ、独立心旺盛、ユニークな感性を持つ、人と違ったライフスタイル、あまりべたべたしない母子関係、上下関係が苦手。

ハード 急激な心変わり、単独行動、偏屈な感性、逆張りで動くライフスタイル（夜に活動して昼間は寝てる、祭日に働いて平日に休むなど）、母親などの愛着対象との分離経験（かぎっ子、別居など）あるいは独立心を促す教育方針。

月―海王星

心と無意識との関係／日常と夢との関係（ゆめうつつの関係）／個別性と集合意識との関係／記憶と忘却との関係／母子と期待感との関係。

ソフト 広がる内宇宙、デイドリーマー、まわりの人の機嫌に左右されやすい、母親から期待されて育つ、両親の夢を受け継ぐ。

ハード 妄想が広がるときがある、集中力散漫、人の不機嫌を代弁してしまったり、怒っている人がいると具合が悪くなるなど、母からの大きな期待とそれに沿えないかもしれないという不安、両親の夢を託されて自分が何をしたいのか見えにくい。

月―冥王星

心と執着との関係／肉体と死との関係／日常と非日常との関係／個別性と同調圧との関係／母と支配との関係。

ソフト 粘り強さ、危機的状況下での底力、自意識の強さ、根拠のない無敵感、マザコンぎみ、母子密着型育児。

ハード 無感動無感覚と激情の極端、ハマリ食いなど極端な生活習慣に没頭する時期と、突然それをやめて全く別の習慣を取り入れるときを繰り返して「生まれ変わり」を繰り返す癖、大きすぎる母親の存在、喜怒哀楽など個人的な感覚を母親のそれに乗っ取られた経験。

水星と他の惑星とのアスペクト

水星―金星

思考と喜びとの関係／言動と配慮との関係／つながりかたと調和の関係／道と楽しみとの関係。

ソフト 考え事を楽しむ、ソフトなしゃべり方、周囲に配慮した言動、和気あいあいとしたムードづくりがうまい、散歩や散策を楽しむ。

ハード ゲーム好き、人をほめまくる、人懐っこさ、帰宅するまでに必ず寄り道をしてケーキやコスメなどを買ってしまう。

水星―太陽

思考と意志との関係／言動と行動との関係／繋

がり方と目的との関係／道と目的地との関係。

コンジャンクション どうすれば目的達成できるかを考える、有言実行、目的に沿った言動、目的に合わせた関係性を築く、目的地へとつながる道を歩く。

（注）水星と太陽は最大離角が28度のため、メジャーアスペクトはコンジャンクションのみとなります。太陽とコンジャンクションしているということは、その強すぎる光に水星の光がかき消されて目視することができない状態にあるという意味でもあります。

太陽以外の惑星とのコンジャンクションでは意味がブレンドするという解釈でいいのですが、太陽に関しては、太陽の意志に飲み込まれるという意味も出てきます。したがって水星が本来持つ「純粋な思考」、「中立的な英知」は、太陽に近すぎると失われることになります。逆に言えば、太陽から十分離れている水星（こちらのほうがレア）を持つ人は、自分の意志を代弁するツールとしての言語ではない言葉遣いをするレアな人ということになります。

水星―火星

思考と熱狂の関係／言動と鼓舞の関係／繋がり方と競いの関係／道と挑戦の関係。

ソフト 集中力、人を励ましたりやる気にさせる言動、ライバルと競い合う関係、険しい道でもあきらめずに挑む。

ハード 狂信的思想になりやすい、挑発的な言動、ときには人を怒らせる言動も、ライバルに対する嫉妬と負けたくないという気持ち、障害物を乗り越えて負けじと歩む、道を阻む邪魔に負けない。

水星―木星

思考とその広がりとの関係／言動とその量との関係／言動と肯定の関係／繋がりと広がりとの関係／道（パイプ）とその太さとの関係。

ソフト 考えがどんどん広がる、肯定的言動と道義的言動の多さ、つき合いの多さ、王道を進もうとする傾向。

ハード 思考の散漫さ、不用意な言動、おしゃべり、つき合いを断れずに増えすぎる傾向、混雑する道を選びがち。

水星―土星

思考と悲観との関係／言動と厳しさとの関係／繋がりと限定の関係／道と慎重さとの関係。

ソフト 最悪の事態を想定した思考、考えを慎重に固めてゆく、無口、言葉数の少なさとシンプルさ、繋がりはあまり増やさない、安全な道を選ぶ。

ハード 悲観的考えにとらわれやすい、そっけない言動、冷徹な言動、限定的な相手としか繋がりを持とうとしない傾向、石橋をたたいて渡る。

水星―天王星

思考と閃きとの関係／言動と意外性との関係／繋がりと独立との関係／道と裏道との関係。

ソフト ユニークな着想を持つアイデアマン、あまり考えたことのない方面からのアドバイスがうまい、ほどよい距離感を保った関係が多い、裏道やショートカットに詳しい。

ハード 斬新な着想と閃きに満ちたアイデアを有するが勘違いも多い、逆張りのアドバイス、凡人には想像の及ばない意見を持つ、仲良くなりすぎると突然離れる癖、変な道マニア、トマソン好き。

水星─海王星

思考と無意識との関係／言動とあいまいさとの関係／繋がりと実態のないものとの関係／道と蜃気楼との関係。

ソフト 夢や予感からアイデアを得る、無目的なよた話が多い、罪のない嘘、ＳＮＳ上など必ずしも本体ではないつながりに心地よさを感じる、空想に明け暮れながらの散歩。

ハード 芸術的着想、妄想癖、主語があいまいなしゃべり方、虚言、バーチャルな繋がりに心地よさを感じる、方向音痴、考え事をしていて道を間違えたり、電車を乗り過ごしやすいが、そこから重要なメッセージを得る。

水星─冥王星

思考とその深め方との関係／言動と影響力との関係／繋がりと支配の関係／繋がりと依存の関係／道と浮き沈みの関係。

ソフト とことん突きつめて考える、影響力のある言動、すべてわかってほしく全部説明してしまう、関係性をコントロールしたい、旅は予定をガチガチに組むほう。

ハード とことん突きつめて考えることと、全く考慮しないことが極端。過集中と上の空を行き来、とことん言ってしまうかダンマリか、言動に影響力があるので炎上しやすい傾向、想定外の出来事による遅刻癖、洗脳的言動や愉悦。

金星と他の惑星とのアスペクト

金星―太陽

愛と意志との関係／美と表現との関係／調和と目的との関係／魅力と人気との関係／楽しみと表現との関係。

コンジャンクション 社会的に求められる態度をわきまえて行動できる、少なくとも公の場ではTPOから大きく外れることはしない、周囲に配慮したりバランスをみてリーダーシップを発揮する、独自の魅力で注目を集める、ゴールのある楽しみ方。

（注）金星と太陽の最大離角は48度程度までなので、コンジャンクションのみになります。コンバストの範囲（太陽から左右8.5度以内）やアンダーザサンビームの範囲（太陽から左右17度以内）から出た金星の光は非常に強く、夜明け直前に東の地平線から昇る金星は明け

の明星、日没直後に西の地平線に見える金星は宵の明星とよばれ、古くは吉兆や戦争の開始などに認識されました。

太陽より後に進む（太陽の左側）金星は太陽から離れていくという意味で光を増す状態にあるため、特によい状態とされ、ルシファの名で、宵の明星を特別視したのです。

金星が太陽から十分に離れた生まれの人は、美が大きな影響力を持ち、生きる上で愛と美が大きなロールを担う人と考えてよいでしょう。多くの人は、コンバストの位置に金星を持ち、その場合の解釈は水星と同じく、金星そのものが持つ純粋な意味が損なわれます。つまり、自分の魅力や場を和ます力（金星）を自分の仕事（太陽）を成しとげるために使ったり、目的（太陽）のためにぶりっ子（金星）するような使い方になります。

それは悪いことではないのですが、金星そのものが持つ無目的な美は弱まるのです。芸術とは、それが使えない、道具ではない、目的がないものであると仮に定義してみると、金星が太陽から十分に離れている人は芸術的美意識を持つと考えることもできます。

金星―火星

愛と欲情との関係／美と切れ味との関係／調和と争いとの関係／魅力とエロティシズムとの関係／楽しみと積極性との関係。

ソフト　恋愛的エネルギーの強さ（モテる）、

異性を意識したファッション、シャープな美しさ、スポーツやゲームを楽しむ、健康的異性アピール、香辛料、スパイスの効いた味が好き、コーヒー、チョコレートなどの嗜好品を楽しむ、軍服が好き、活発な推し活。

ハード ソフトと等しく恋愛的エネルギーの強さ（モテる）、異性を強く意識したファッション、攻撃的な美、露出の多い服装、コーヒー、チョコレートなどの嗜好品に依存しやすい、SMチックな装いに惹かれる、熱狂的な推し活。

金星―木星

愛とその広がりとの関係／美と豊かさとの関係／調和と善意との関係／魅力とチャンスとの関係／楽しみと増加との関係。

ソフト うっすらと多幸感がある、たまには贅沢を楽しみたい、一日一善を楽しむ、自分の魅力でチャンスを得る、豊満な魅力、血糖値が高め、多趣味で楽しみが多い傾向。

ハード パリピ、贅沢してしまう、タガが外れやすい、豊満な魅力、道を聞かれたりナンパされやすい、自分の魅力からチャンスが舞い込むが納得がいかなかったり、何がいいのかわからないことが多い、血糖値の急上昇に注意、趣味に多額を投じがち。

金星―土星

愛とその制限（ブロック）との関係／美と様式との関係／調和と躾け（マナー）の関係／魅力と

コンプレックスとの関係／楽しみと抑圧との関係。

ソフト 甘えることが苦手、のびのびと愛を表現しにくい、古典的な美しさに惹かれる、フォーマルな装い、あるいは機能を優先した服、タガを外しにくい、レジャーや遊びの予定をガチガチに組んでしまう、おいしいものは一番最後に食べる、楽しいことは取っておいて全部片づけてから。

ハード 甘えることができない、素直に愛を表現できない、骨董品愛好、古典的な様式美に惹かれる、作業服や登山服のような機能的装い、タガの外し方がわからない、レジャーや遊びの予定が直前になると憂鬱になりがち、家族に隠れてケーキを食べる、サウナなどで限界まで乾いてから水を飲む。

金星―天王星

愛と限界突破の関係／美と革新との関係／調和と不協和音あるいは変拍子との関係／魅力と個性との関係／楽しみと独立性との関係。

ソフト 常識にとらわれない愛の形態、前衛的なファッション、飽きさせない魅力、意外性のある魅力、おひとり様上手。

ハード 型破りな愛、常識にとらわれない愛を模索、奇抜なファッション、個性的魅力、意外性で相手を翻弄、おひとり様上手、仲間と別れてから飲みなおすなど一人を楽しむ。

金星―海王星

愛と不安との関係／美と集合意識との関係／調和とカオスとの関係／魅力と幻想との関係／楽しみと夢との関係。

ソフト はかない愛、幻想的なアート、全く異質なもの同士を調和させるセンス、幻想的な魅力を持つ、夢のような時間をくれるレジャーが好き、アイドル好き、アイドル性。

ハード 愛を疑う癖、好きな相手を神格化して信望するか幻滅して腐すかを行き来する、また相手からも理想を投影されやすく、あなたのことをよく知らない人が一方的に思いを募らせるようなことも。はかない魅力。何かに依存することを恐れると同時に惹かれる。現実を忘れて没頭できる遊びにハマる。

金星―冥王星

愛と依存との関係／美と究極との関係／調和と絶交との関係／魅力と執着との関係／楽しみと極端性との関係。

ソフト 愛しすぎる傾向、癖のある美意識、好き嫌いがはっきりしている、中毒性のある魅力を持つ、普段は禁欲的だが楽しむとなるととことん。

ハード 愛情表現が平坦でどこか空虚な印象を与える傾向、どぎつい雰囲気のアートに惹かれる、癖のある美意識、好き嫌いがはっきりしている、マニアックで中毒性のある魅力を持つ、全く無趣味か徹底的にのめり込むかの極端性を持つ、その気がなくてもついオールしてしまいがち。

太陽と他の惑星とのアスペクト

太陽―火星

意志と戦いとの関係／目的と積極性との関係／生き方とやる気との関係／仕事と欲との関係／父と怒りの関係。

ソフト 自分の意志を通すためには戦う、目的達成のために積極的に動く、活気のある生き方、出世意欲は高いほう、それなりに怖い父親像。

ハード 戦って勝ち取らないと何も手に入らないと感じる。目的だけに集中しにくく、エネルギーが分散しがちだが、多忙なときのほうが仕事がはかどる。いつもやる気はある。出世欲はあるが回り道してしまう。間接的に怖い父親。

太陽―木星

意志と善との関係／目的とサポートとの関係／生き方と広がりとの関係／仕事とチャンスとの関係／父と寛容さとの関係。

ソフト 正しいと思うことを遂行する。目標が定まれば自然とサポートを得ることができる。人生には多くの選択肢があり、そのどれもに可能性がある。自分だけではなく、みんなにとって利益があることを考える。父親はそれなりに自分をサポートして見守ってくれていたと感謝している。

ハード 正しいと思うことに関して独善的な部分がある。目標が定まると、相乗的に別のことでも多忙になり物事があわただしく展開し始める。人生には多くの選択肢があり、1つにしぼりにくい。自分だけではなく、みんなにとって利益があることを考える。ウィンウィンの方法を常に意識。父親にはある意味、甘やかされたと感じる。

太陽―土星

意志と強固さとの関係／目的と計画性との関係／生き方と堅実性との関係／仕事と努力との関係／父と厳しさとの関係。

ソフト 意思強固、目標に向かって計画的に動くことができる。まじめで堅実な生き方。成果を上げるまでに忍耐が必要だと理解し、努力を積み上げる。仕事に苦労が伴うことは仕方ないと考える。用心深いし疑り深いが、それをほどほどに留めて行動することができる。それなりに厳格な父親。

ハード 臆病、固くなさ。自分が立てた目標に盲点がないか、多角的視点で検証しながら計画を立てる。綿密すぎる計画とシュミレーション。目標達成までにある程度の遠回りは仕方がないと考え、十分に時間を使う。石橋をたたいて渡る用心深さと疑り深さ。成果が出るまでには様々な困難があってもあきらめない。仕事に苦労が伴いやすいが、歯を食いしばって頑張る。自分にも他人にも厳しい。早め早めに家を出るため待ち合わせ場所に一番乗り。父親に関する苦労。

太陽―天王星

意志と突破力との関係／目的と斬新な方法との関係／生き方と破天荒さとの関係／仕事と革新との関係／父と独立性との関係。

ソフト 自分の意志で壁を突破する。目的達成は必ずしも正攻法じゃなくてもよい。人それぞれのやり方や生き方があって、それがどんなものであっても尊重されるべきと考える。どうせ働くなら古い慣習に縛られず、革新的なシステムを構築したい。親や地域から独立したい。

ハード 反骨心の強さ。自分の意図していたのとは別の方向からの突破口が開く。スランプからのブレークスルー。人生が意外性のある展開をみせることが多い。思った通りにならないことのほうが可能性を感じる。古い慣習にとらわれない革新的な仕事との縁。

太陽―海王星

意志と無意識との関係／目的とあいまいさとの関係／生き方と夢との関係／仕事と集団性との関係／父と存在感との関係。

ソフト 直観的な導きによって人生を切り開く。無意識からの行動が功を成すことがよくある。下手に目標設定をするとグダグダになるので、何となくから初めてじわっとゴールまで持っていくほうがうまくいく傾向。自分の可能性を何歳になってもあきらめない。仕事をするときに、大人数大規模をターゲットに想定してしまいがち。大金持ち、政治家、ヒットメーカーなどに見られるアスペクト。父親との関係が希薄か複雑。

ハード 無意識からのインスピレーションが行動に介入して、思いがけない結果に向かう人生。狙ったこととは違うものが副産物的に手に入るが、後で考えるとそれでよかった。現実的な生き方のようでいて、最終決定が直観的だったりする。仕事をするときに、大人数大規模をターゲットに想定してしまいがち。ソフトアスペクトと同じく、大金持ち、政治家、ヒットメーカーなどにみられるアスペクト。

太陽―冥王星

意志と宿命との関係／目的と使命との関係／生き方と死に方との関係／仕事と挫折との関係／父とその存在感との関係。

ソフト 自分の意志ではどうにもならないこともある。運命には逆らえないし、それに対して敬虔な気持ちで精いっぱいやりたい。人生多少の寄り道や横道に逸れることもあるが、最終的には全部回収されて〝塞翁が馬〟になるような気がする。進路に対する諦めない粘り強さと底力を持つ。

ハード 本来自分の力で切り開くべき人生の進路を、抗いがたい大人の都合や父権に明け渡した経験の痕跡。不本意な引っ越しや、社会情勢や天変地異による強制的な進路変更など。悪い癖や不幸な運命は底をついてからが本領発揮。バネは縮むほどに跳ねる。いろいろあったが、過去の苦労が今の自分をつくっていると思うので、それでよかったと思いたい。

火星と他の惑星とのアスペクト

火星―木星

闘争心と大胆さとの関係／怒りと勇気との関係／積極性とおおらかさとの関係／押しの強さと善意との関係／筋肉とその大きさとの関係。

ソフト 負けん気が発動すると普段より大胆になれる。怒りを原動力に結果を出すことができる。ここぞというときは恥ずかしくても前に出る。正しいと思ったことに関しては、多少嫌がられても無理強いしてしまうことがある。筋肉は大きく育ちやすいが固くはない。

ハード 何かに集中しようとすると他が賑やかになって気が散ることが多い。怒りを言動力としてそれまで興味がなかったことも調べたりスキをなくそうと努力するため行動範囲が広がる。攻撃が多方面に拡散しやすく乱れ打ち、つまり、必ずしもぶつけるべき相手に怒りをぶつけずに、八つ当たりになることも。筋肉は大きく育つが時間がかかる。

火星―土星

闘争心と自制心との関係／怒りと抑制との関係／積極性と老成との関係／押しの強さとコンプレックスとの関係／筋肉と骨格との関係。

ソフト 勝ちたいときほど冷静に行動する。

まずは考えてから戦う。怒りは基本的にその場では抑制するが、努力することなどで見返す気はある。カッときても時間がたつと収まる。自信のなさからか、本当に欲しいものにかぎって積極性を発揮しにくい。細マッチョ。

ハード 自分を追い込む癖。異常な忍耐力。怒りを抑圧しがちで、たまりにたまってから変な方向に出すので伝わりにくい。本来怒るべき相手ではない相手に怒りを出してしまう。また、本当に欲しいものを欲しいと言えない。怒らなければならない場面では冷静で、どうでもいいような場面では意外と暴力的。筋トレや長距離走がとても向いているので、やっていないのであればやったほうがよい。

火星―天王星

闘争心と突破口との関係／怒りと打開策との関係／積極性と独立性との関係／押しの強さと突破力との関係／筋肉と断続との関係。

ソフト スランプのときは戦って突破口を開く。自分から積極的に動くことで人生を切り開こうとする。怒ることで問題を解決しなければいけないこともある。ケンカしてでも解決すべき問題はある。

ハード 戦いで人生を切り開く。自分から積極的に動かないと何も始まらない。固着した関係や非建設的な関係は切り離したほうがいい。怒りを原動力に変革をもたらす。

火星―海王星

闘争心と夢との関係／怒りと無意識との関係／積極性と集団との関係／押しの強さとあいまいさとの関係。

ソフト 夢を勝ち取るために戦える。必ずしも自分のために怒るのではなく、その場のだれかの不機嫌などの影響を受けてイライラしたりしてしまう。大勢の前ではわりと積極的にふるまえるが1対1の関係になると緊張。本当にほしいものをぼやかして表現したりごまかしてしまう。

ハード 必ずしも自発的ではない怒りを拾う。つまり、周囲のイライラした雰囲気や、土地にしみついた争い事の歴史、怒っているがそれを表現できない人などの念を代弁するような形で怒る。怒り出すと論点がずれやすく、自分の欲求を明確に打ち出すことがしにくい。エゴに基づいた積極性を出しにくく、やはり積極性も集合意識の代弁としての使命感から使う。利己的な行動を取りにくく、損な役回りが多い。サイキックな性質。

火星―冥王星

闘争心と使命感との関係／怒りと執念との関係／積極性と無気力との関係／押しの強さと徹底性との関係。

ソフト 個人の都合を超えた意義を見出すことができれば戦える。そもそも怒ることに腰が重いため、一度怒りに火が着くと火消しに時間を要するし、執着が生まれてしまいやすい。そのようにするつもりはないがけっこう強引。

ハード エゴに基づいた願望は何らかの干渉によって挫折することが多く、周囲の願望や歴史的意義を背負った行動には大きな後ろ盾や追い風がつく。自分だけのために頑張ることは難しく感じる。無意識的な押しの強さ。

木星と他の惑星とのアスペクト

木星─土星

拡大と制限の関係／アメとムチとの関係／幸運と努力との関係／楽観と悲観との関係／おおらかさと責任感との関係。

イージー アメとムチのバランスが取れている教育的影響。太陽、月、ＡＳＣルーラーがこのアスペクトに関与していれば、バランスのよい見識を持つ。良識があって責任感もあるという常識的振る舞い。

ハード アメとムチのバランスが強く作用しているシゴキ的影響。太陽、月、ＡＳＣルーラーがこのアスペクトに関与していれば、自分を鍛えることが通常モードになっていて、常に成長と努力をしていないと不安になる性質が出てくる。結果に繋がりやすいが、リラックスできない側面も。頑張りすぎと行きすぎた上昇志向に注意。

＊天王星発見以前の世界では、土星の周期である29年以上の時期を読むときには、木星と土星の会合周期（グレート・コンジャンクション）である約20年を一単位としたエレメント移行までの約２００年（グレート・ミューテーション）を大きな潮流として捉えていました。土星と木星がつくる角度はそれ自体一つの世代が担う共通の要素としてとらえられるため、あまりパーソナルな意味をそれ自体から読み取る

ことはできません。土星と木星の角度をパーソナルな性質として読む場合はかならずどこのハウスでそれが起こっているのかに注目して個別化してください。ハウスは二時間ごとに一つ、4分ほどで1度回転するので、個人的要素として読むことができます。

木星―天王星

拡大と改善との関係／アメ（甘やかし）と独立との関係／幸運と改革との関係／楽観と不測の事態との関係／おおらかさと緊張感との関係。

イージー 選択肢を広げることで1つの方法にとらわれずに状況を改善してゆく。十分に受け入れられたという経験に基づいて独立心が育つ。ほめられて伸びるタイプ。やり方を変えることで開運する。災難や事件のときでも自分だけは大丈夫という根拠のない感覚。

ハード 自身の破天荒や大胆さの裏に、それを許してくれた環境があることに感謝できたとき、大きく成長する。居心地のよい環境や関係が独立心や単独行動を阻害する感覚があるので、ときどき関係性をリセットしたくなる。正常性バイアスが働きすぎて、不測の事態のとき、迅速な動きができない。

木星―海王星

拡大と無意識との関係／アメ（甘やかし）と現実感のなさとの関係／幸運と直観との関係／楽観とあいまいさとの関係／おおらかさとカオスとの関係。

イージー 不注意。散漫さ。何となく自分は大丈夫という感覚はあるのに、漠然と不安だったり、安心にせよ不安にせよ、その対象が明確ではない。くじ運がよい。シンクロニシティが多い。責任の所在があいまい。

ハード イージーと同じく不注意と散漫さが出るが、ハードのほうがそれが出るときと出ないときのむらがある。対象が明確ではない不安に時として襲われるが、普段は根拠のない楽観。

木星―冥王星

拡大と無との関係／アメ（甘やかし）と依存との関係／幸運と運命との関係／楽観と絶望との関係／おおらかさと宿命論との関係。

イージー 信心深さと無神論を行ったり来たり。甘やかしてくれる相手に依存しやすい。人生の浮き沈みに対して、〝塞翁が馬〟という感覚である程度おおらかに捉えようとする。

ハード 極端な信心深さと無神論を行き来。人生の浮き沈みに対して過剰に意味を見出すときと、すべてが偶然だとシニカルになるときの極端性を持つかもしれない。

土星と他の惑星とのアスペクト

土星―天王星

限界と突破との関係／忍耐と解放との関係／枠組みと逸脱との関係／ヒエラルキーと下剋上との関係。

イージー 常に限界のちょっと上を目指し求める。枠組みはあってないようなものという感覚。先輩だからといって気を使いすぎたりはしない。我慢しすぎるのもよくないので、たまには逸脱した行為もあり。

ハード 限界を設けていても、いつの間にか突破していることが多い。枠組みにとらわれていればいるほど、逸脱した要素が介入してくる。上下関係に違和感。苦しいときや、つらい現実に対して俯瞰の視点を持っている。

土星―海王星

現実と夢との関係／限界と期待との関係／忍耐と決壊との関係／枠組みと境界線のあいまいさとの関係。

イージー 時間管理は得意ではない。うっかりミス。目に見える世界にとらわれすぎない、広がりのある内宇宙を持つ。つらいことがあっても夢を失わない。ルールは守らなくてもよい場合もあると思う。

ハード 時間管理は苦手。ダブルブッキングもたまに。キッチリしているようにみえて、たまに大きなうっかりミスをしてしまう。目に見える世界がすべてではないと感じる。つらいとき苦しいときに夢を失わない。

土星―冥王星

現実と宿命の関係／限界と再生力との関係／忍耐と底つきとの関係／枠組みと虚無との関係。

イージー 異常な忍耐力と粘り強さ。常識的な対応や平等などのきれい事を当てにしない。誰にも助けを求められない状況下において自分で何とかはい上がろうとする気骨。

ハード 人知を超えた要素があるので、細かい規律や管理など、なすすべもないと感じる。限界を突破して底をついてからスイッチが入る。ある種の破滅願望。

第7章

バラバラの意味を統合する

ホロスコープ解釈（チャートリーディング）

いよいよ、ホロスコープにちりばめられた象徴を統合して読み解く方法を考えてみましょう。チャート一枚が内包する情報量はとても多いので、どこに注目したらいいのか最初はわからないと思います。

　そんな状態で何となくチャートを読もうとすると、気になったところから拾うという不安定なリーディングになるだけでなく、自分の偏見を基準とした偏向情報を取り出して「だからこの人はだめなんだ」「この配置は怖い」など、その場限りの解釈に終始してしまうことになるでしょう。

　そういったご都合主義リーディングにならないためにも、基本の7～10惑星以上の感受点を増やしたり、マイナーなアスペクトの知識を求めすぎることは、チャートの優先順位を理解してからにしたほうがよいでしょう。

　また、本書で紹介しました、惑星とハウスの配置や惑星同士の角度などのどれか一つを取りざたして一喜一憂することもあまり意味がありません。

　一つ一つの情報よりも、それらが相まって織りなすコントラストや繰り返される配置などを兼ね合わせて「生きた解釈」をする必要があります。

1 チャート全体のバランスをざっくり拾う

惑星分布（半球の偏り）

ホロスコープのエリアを大まかに4つ、ないし2つに分けてどのエリアに惑星が多くあるかによって、その人にとってのプライオリティーを知ることができます。

昼の半球に多くの惑星を持つ人は、公的要素が優先事項となり、社会貢献や公に評価されることに重きを置きます。社会的承認欲求の強さ。

夜の半球に多くの惑星を持つ人は、私的要素が優先事項となり、私生活の充実や、自分

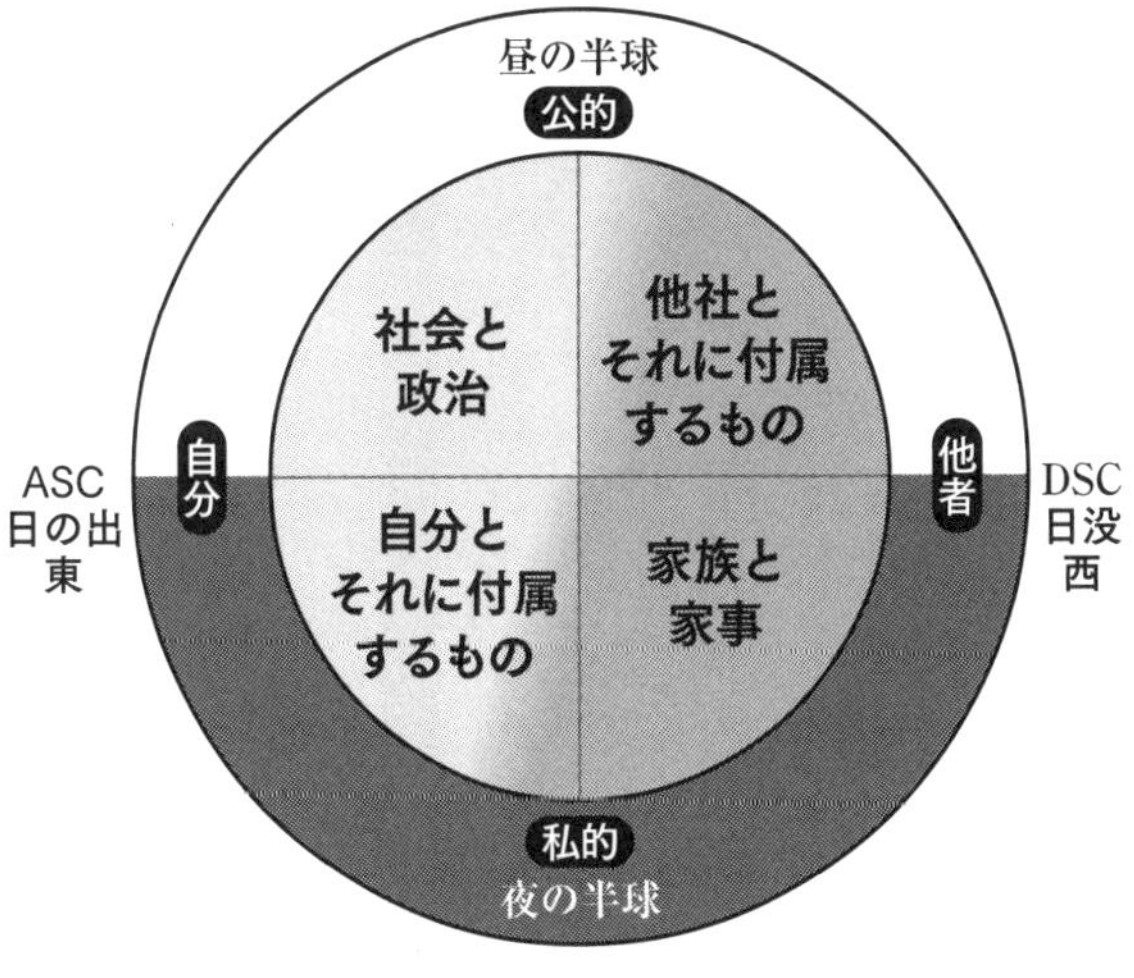

にとっての満足や納得に重きを置きます。家族や身内の中で承認欲求を発揮します。

東の半球に多くの惑星を持つ人は、自分軸で物事を考えながら、能動的に世界に働きかける性質になります。利己的傾向を持ちます。

西の半球に多くの惑星を持つ人は、他者軸で物事を考えながら、受動的に世界に反応する性質になります。利他的傾向を持ちます。

惑星の分布に顕著な偏りがない人は、太陽と月とアセンダントルーラーがある半球やクオーターに重きを置きやすいでしょう。

ステリウム（惑星集中）

惑星が3つ以上集まるハウスやサインはステリウムと判断して、そのハウスが示す分野に意識が集まりやすく、そのサインの様子でそこに取り組むことになるでしょう。

＊例えば、9室蟹座にステリウムがあれば「家族（蟹座）と旅行（9室）」「神（9室）との親密な関係（蟹座）」「和気あいあいとした親しげなムード（蟹座）で、勉強に取り組む（9室）」こういった事柄に多くのエネルギーを費やす人です。

オポジション

オポジションが派生する場所は、一つの完成系を意味します。ある状態に対して客観的視点を持っているという意味でも、オポジションは独りよがりに点在するほかの要素よりも使い物になるのです。

もしもチャートにオポジションがあれば、それがどのハウス軸を貫通しているかに注目し、その軸が担う要素に関して、その持ち主がプロフェッショナルな視点を持つと思ってよいでしょう。

１－７軸のオポジション：対人関係のプロ
２－８軸のオポジション：所持と継承のプロ
３－９軸のオポジション：学びと移動のプロ
４－10軸のオポジション：仕事と成果のプロ
５－22軸のオポジション：遊びのプロ
６－12軸のオポジション：サービスと奉仕のプロ

オポジションが１本もない人は、自分の太陽や月、ＡＳＣルーラーに対して、トランシットの惑星がオポジションの位置を経過するときや、シナストリー（二重円）でオポジションを形成する他者と関わることで、客観的視点を手に入れてプロフェッショナルな部分を後天的につくっていくことになります。オポジションがない人のほうが、他者や出来事から学ぶことが多いと考えてもよいでしょう。

また、オポジションがない人は、共同作業によって何かを完成させます。逆に、どこかにオポジションを持つ人は、人の手を借りなくてもその分野において自己完結しやすく、個人作業で何かを完成させる能力を持ちます。

区分の比重と欠け

第３章「黄道12宮」の章、（Ｐ.24～Ｐ.30）に基づいて、２区分ジェンダー、３区分モード、４区分エレメント、それぞれに10惑星がいくつずつあるかを計算してみましょう。

ジェンダーの比率から能動的なのか受動的

なのか、モードの比率からスピード感を、エレメントの比率からカラーや雰囲気を、考えながら分析してみましょう。

惑星分布に偏りが少なく全体にばらけていれば、バランス型ですし、何かが突出していればその性質が強く出るでしょう。多いことはもちろん特徴になるのですが、少ないことも同じく（場合によっては多いこと以上に）特徴となります。

例えば火のエレメントに惑星が1つもなく、「0」という結果になった場合、その人は火がナチュラルに有するやる気や闘争心に欠落を感じるあまり、意識的に元気なふりをするカラ元気癖が定着した結果、イベントやお祭りを主宰する仕事に就く場合もあります。風の欠落から知識の不足を補おうと書籍に埋もれそうになるくらいの蔵書を有することもあるでしょう。

有名なところでは、米元大統領のトランプ氏が土の元素が0個です。彼は大変な資産家の生まれで本人も多くの不動産や資産や地位を有しますが、それらはすべて土の属性なので、0が転じてむしろ過多になることはよくあることのようです。そう考えると1つくらいが最もその性質の不足だという解釈に落ち着くかと思います。

区分の比率や欠けを自動計算で表示してくれる占星術ソフトは多いので、慣れないうちはそういったものを利用しましょう。

複合図形の有無

グランドトラインやTスクエア、小三角など明確な複合的図形が形成されているチャートであれば、そこがその人のエネルギー製造工場のような働きをするため、どのようなエネルギーが循環しているのかの参考になります。

*例えば、グランドトラインであれば、調和して安定している要素をそこで絶え間なく結んでいるため、その枠から外れた要素に対してあまり影響を受けず安定的に一つの元素の論理の中で生息しているイメージです。
Tスクエアであれば、そのスクエアが示す対立構造や葛藤を繰り返し自己検証することで、行動や考えを研磨している人で、Tスクエアが形成されているクオリティーにおいて緊張と完成度が高まり、その隙を埋めるために多くのエネルギーを費やす人です。

2 注目すべき場所を見極める

チャートのどこに注目するかを見極めることは、古典占星術では当たり前に考慮されていたのですが、近代の占星術ではどんどん曖昧になり、チャート解釈も多様性が重視されるようになりました。惑星よりもサインを重要視する近代の占星術では、占星術の文法でいうところの「様子や雰囲気」など形容詞的ニュアンスの部分から入ります。

ですから、どの惑星がどこにあるかよりも、何座に太陽があるかというところから多くの情報を引き出し、場合によっては悩みに答えることすら、そこからしようとします。

しかし、そのような取り組み方で10個もの惑星と、場合によっては小惑星まで扱って、どこのサインの話題を広げるのかは謎でしかありません。

チャート解釈の二番目のステップであるこのプロセスでは、どの惑星が本人を最も強く示しており、またどの惑星がチャートを牛耳るほどの影響力を持っているのかを探す作業をします。

自分を示している惑星

- **ASCルーラー：** その人がどこにいて（ハウス）、どんな様子で（サイン）何をしているか（アスペクト）を示す惑星です。
- **1室にある惑星** ASCサインと同じサインにあれば12室にあっても、その惑星はその人のキャラクターに強く影響しますので、ここでいう1室にある惑星とは、ASCとサインが同じで、ASC近くにある惑星のことを指します。

太陽→その人の創造力、生命、表現、精神性を担う重要な惑星です。

月→その人の肉体感覚、記憶、情緒、生活を担う重要な惑星です。

チャートを牛耳る惑星

- **アングルASC、DSC、MC、ICの位置に向かっていく惑星**は、特にチャートにおいて優位性を発揮します。「向かっていく」とは、時計回りの日周運動に準じた動きにおいてという意味です。つまり、４つのアングルの左手前にある惑星は、アンギュラリティーを得ているとして、強い影響力を発揮します。

ただし、弱いと言われているカデントハウスである９室、６室、３室、12室であっても、その終わりのほうにある惑星は一変して強い力を発揮するという考え方もあります。フランスの心理学者ミシェル・ゴークリンの統計によると、職種別に特定の惑星がアングル特にＡＳＣとＭＣの手前に持つ人が多発するという指摘を"The Influence of the Stars", 1955で発表しています。

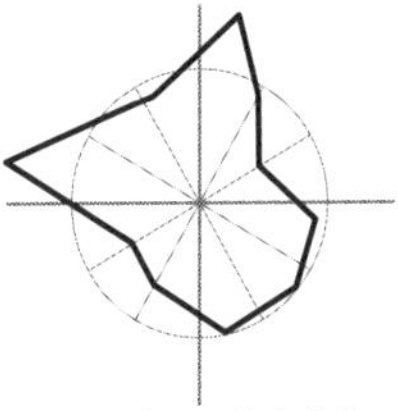

Michel Gauquelinによる
スポーツ選手の
火星セクター分布図

・上昇星、中でもＡＳＣ近くにあって日の出と共に登ってくる惑星は、その人のキャラクターに強い影響を与えるとして注目します。

上昇星がどれかを見極める方法として、まずＡＳＣの前後10度程度に注目します。つまり12室の終わりのほうにある惑星も東の水平線から勢いよく登ってくるという意味において、それは12室に隠されている星ではなく、ＡＳＣと共に登ってくる強い星と考えるのです。

次に、その星がＡＳＣのサインと同じサインにあるかをみてください。同じサインにあれば、なお、その星は上昇星としての後押しを得ることとなり、権力が強まります。

・**カルミネート星、ホロスコープの最も高い位置にある惑星**は、そのチャート全体に影響を与えます。特にＭＣ付近左右10度以内くらいに位置する惑星は、南中点近くで輝く惑星として重要視しましょう。10室やＭＣ付近に惑星がない場合、チャートの上半分の中で最も高い場所にある惑星をカルミネート惑星と広くとる場合もあります。

＊例えば、月がＡＳＣやＭＣ近くにある人は、月が示す大衆性や人気に関わるエネルギーが強いため、母子や子どもを相手とした人気商売に適性があるなど。

・**ディグニティーを得ている惑星**は、そのチャートの中でのびのびとその性質を発揮することができます。もしもチャートの中で、ドミサイル、あるいはエグザルテーション惑星があれば、その惑星の意識に当人が居心地のよさを感じて、その惑星の尺度で多くのことを測ったり、その惑星の価値基準で行動することが多くなりやすいでしょう。

以上の情報から、重複して強調されている惑星があるかを導き出してみましょう。

	惑星
ASC ルーラー	
ASC 付近の惑星（上昇星）	
太陽星座のルーラー	
月星座のルーラー	
カルミネート星	
ディグニティーを得る惑星	

トランスサタニアンもサブルーラーとして一緒に書き込んでください（例えばＡＳＣが水瓶座であれば、土星と天王星２つとも書きます）。

書き込んでみて重複する惑星があればその惑星は、そのチャートの持ち主にとって大きな役割を担う惑星となります。何かを決定するときにどの惑星の基準が前に出てくるかで考えてみましょう。

惑星がばらけていて重複するものが１つもない場合は、太陽サインのルーラーと月のサインのルーラーが最も影響力を持つものとして２つの惑星の価値基準（次にリストしたもの）で、物事を選択する傾向が当てはまっているか確認してみてください。

例えば独り暮らしをするための家電製品、炊飯器を購入しようというときと高校進学の例を挙げてみました。テーマが「旅先選び」や「友達選び」などに変わったとしても、無意識でこの選択基準が出てくると思われますので、自分は**どの惑星型**の人間なのかを知ることは占星術を学ぶうえでとても重要なことです。

月　直感愛着型

炊飯器の場合　自宅で使っていたなじみのあるもの、好きな人が使っているものとお揃いなど、習慣性と愛着が選択基準。

高校進学の場合 地元だから、親が行ってた高校だから、多くの学友がそこへ進学するからなどの愛着基準。

水星　思考・比較検討型

炊飯器の場合 店頭で即決はせず、他店やネット販売などと比較しながら情報収集。スペックを比較してコスパを吟味したうえで、とても迷いながら選択。

高校進学の場合 進路選択の幅が広がりそうな高校をいくつもリストアップして、片っ端から見学。各校のカリキュラムや口コミを細かく比較検討しながらギリギリまで迷う。

金星　美意識・調和型

炊飯器の場合 色やフォルムなど美意識基準での選択。設置したときに周囲の家具と違和感なく調和しているかどうかも大事。

高校進学の場合 制服がかわいい、楽しそう、仲良しも目指しているから、イケてるからなどの空気を読んだ選択。

太陽　狙いと目的意識型

炊飯器の場合 独り暮らしなので1合炊きがおいしく炊けるもの。予算が決まっているのでその範囲内……。など、あらかじめ設定した目的からブレない商品選択。

高校進学の場合 自分が人生に求めるものを得られるかどうか。理系か文系かアートかなど明確な目的意識に基づいた選択。高校進学の段階で目的意識を持てないでいた場合は、自分らしさを矯正されなさそうな自由な校風に惹かれる傾向。

火星　競争原理、勝ち負け型

炊飯器の場合 タイムセール、現品限り、先着順、などの煽りやお得感に乗っかる。狩りの感覚での買い物になりがち。

高校進学の場合 自分の今の実力で勝てそうなレベルを狙う。スポーツ推薦、ＡＯ入学など先手必勝に出る場合も。面接など積極性や入学の意志を確認してくれるシステムがあれば有利に戦える。

木星　幸運型

炊飯器の場合 ほしいと思っても慌てずに、何となく望んでいると知り合いから譲られたり、懸賞で当たったりすることも多い。自分で買うとしたら直観的にいいなと思ったものを値段を気にせず購入。

高校進学の場合 高度な知識を学べる環境を求める傾向。高校入学の先の大学や就職に優先的に入れそうな付属高校など。学位が取れそうなコースなど。宗教学校との縁も。

土星　堅実保証型

炊飯器の場合　メーカーが老舗。保証とサポートがしっかりしている。多少高価であっても長く使えそうなもの。頑丈で耐久性がありそうなもの。

高校進学の場合　歴史ある学校。規則や規律はある程度厳しくても、秩序と品性が保たれているのであればそのほうがいい。しっかりと学べる校風。

3 重要な箇所が示すコントラストに注目

個性とは何かを考えるに、それは「突出した場所」でもあり「欠落した場所」でもあります。それと同時に、ある特性とある特性が持つ矛盾や落差が、その人らしいおもしろさを醸し出すのだと思われます。

ホロスコープを一人の人間として読む場合、どこが突出していてどこが足りないのかに目を向けることと（ステップ1と2）同時に、その人が抱える矛盾や特性のギャップやコントラストに目を向けることで、よりリアルに人間性を浮き彫りにすることができます。

ASC、太陽、月のコントラスト

ASCは、とっさの態度
月は、感じ方と受け止め方
太陽は、狙い（意志）と表現

これらを12種類のサインやハウスまで考慮しながら読むことがベストだしゴールなのですが、簡略化して例えばエレメントだけでざっくり言語化するだけで、コントラストが明確になるので、まずはエレメントで慣れるのもよいでしょう。

例えば、他者に対する態度を以下のように分析してみましょう。

火→アゲアゲ
地→冷静
風→フレンドリー
水→シャイ

ASC 魚座 **太陽** 射手座 **月** 牡牛座の場合
知らず知らずにシャイな態度だが、狙いはアゲアゲ。しかし心は冷静。

ASC 天秤座 **太陽** 乙女座 **月** 蟹座の場合
無意識にフレンドリーな態度だが、狙いは冷静。ほんとうは人見知り。

このように、3つの最重要拠点を対比しながら徐々に解像度を上げてゆくイメージで読むと、脱線することなく芯を食ったチャートリーディングを展開できるでしょう。

慣れてくると、3つのポイントのどことどこが矛盾していたり葛藤を持っているかで、自分がとっさに取った態度を後で悔んだり、心の中では違和感を感じているか、などが見えてきます。

例えば、最初の例の人は、ＡＳＣ魚座と☉射手座が水と火の90度の関係のサインです。その場合、自分がもじもじしてしまったことを、アゲアゲの太陽は後悔するでしょう。「恥ずかしがってないで、もっと楽しんでおけばよかった、だから自分はだめなんだ！」といった具合です。

しかし、気持ちの部分である月は、ＡＳＣ魚座に対して60度のサインである牡牛座にありますから、もじもじしたことに対してそれほど居心地の悪さや違和感は感じません。生き方（太陽）としてはだめだけど、気持ちのうえでは「いやいや、急にうぇーい！　とはなれないのは当たり前よね？」です。

２番目の例では、とっさにとったフレンドリーな態度に対して、☽蟹座はスクエアのサインにあるので、内面の警戒心が違和感を抱き、「私ったらフレンドリーに、あまり親しくもない相手まで一緒に誘っちゃったけど、やめとけばよかったー」となります。生き方と狙いの乙女座は月とのほうが連携が取れているので、やはり「誰にでもいい顔をしてしまう自分ってだめね。つき合うべき相手はもっと厳選しないと後で後悔するわ」と自分の気持ちに同意するでしょう。

アセン－ディセン（原因と結果）

ＡＳＣは、その魂が生を受けて、この世に切り離される瞬間の東の地平線の位置で、ここには前世の痕跡が残っているとも言われ、私はＡＳＣには魂が死んでも浄化しきれなかった癖や偏り（病気）が示されていると考えています。ＡＳＣの対向にはＤＳＣがあり、こちらには自分が世界に取っている態度に対するフィードバックが示されていると考えてみましょう。因果応報のような関係です。サインもハウスも一つで考えるよりも、対になっている対向の要素と合わせて表裏で考えないと本当の姿は見えてきません。

どのサインにも、長所と短所があります。

ＡＳＣのサインの長所を発揮しているときは、対向のサインの最良の部分を経験できるし、ＡＳＣのサインのよくない部分を発揮しているときは、対向サインの最悪のリアクションを引き寄せることになります。

自分を苦しめる対人関係や環境に悩まされているときは、ＡＳＣサインや1室にある天体などの最良の部分を表現してみると、案外と環境が改善されるかもしれないですね。

この考え方の応用がききやすい感受点は、太陽星座です。太陽はその人の表現や自己主張するポイントなので、そこをＡＳＣ－ＤＳＣの因果応報に当てはめてみても、スランプの打開策につながるはずなので、試してみてください。表現を変えれば、それに対するリアクションは当然変わってきます。

ASC牡羊座－DSC天秤座

長所と最良の結果

前向きで行動力があり、誰もやったことがないことにチャレンジできる。↓それをほめたたえ、サポートしながらついてきてくれる人がどんどん現れる。

短所と最悪の結果

短気でわがまま、人の気持ちに配慮などしない。↓自分で何も決めようとしないくせに悪口を言う、信用ならない優柔不断な人に包囲される。

ASC牡牛座－DSC蠍座

長所と最良の結果

堅実で才能にあふれた美しい態度。気前がよく自分の周囲も豊かにしたい。↓誰よりもそれを理解し深く献身的に愛する人がどんどん現れる。

短所と最悪の結果

欲張りでエゴイスティック。自分の個性や美意識を絢爛に表現する態度。↓打算的で贅沢を好み、奢ってもらうことが大好きで、独占欲の強い人に包囲される。

ASC双子座－DSC射手座

長所と最良の結果

機知に富んで、何でも試してみる。まめに連絡を入れるし身軽に参上する。↓教養があり経験豊富な師に恵まれる。簡単には接見できない仙人みたいな人とつながることができる。

短所と最悪の結果

傲慢でだれも信用せず、嘘つきでずる賢く振る舞う。↓高慢ちきで夢ばかり大きい、現実逃避型の酒飲みや破滅的な山男と縁がつながる。

ASC蟹座－DSC山羊座

長所と最良の結果

やさしく同情的。低姿勢で人懐っこい態度。↓守ってくれる実力者。明確な目標を持つ、将来有望な努力の人。地位の高い人が現れる。

短所と最悪の結果

感情的。甘ったれ。距離なしな態度。↓何でも自分の思い通りにならないと厳罰を与えるような支配的な人。結果しか評価しない冷酷な人が現れる。

ASC獅子座－DSC水瓶座

長所と最良の結果

自信に満ちた陽気な態度。遊び心。中心人物。↓謙虚で人の長所を見つけるのがうまい人。おもしろい人をプロデュースしたり、マネージメントしたいという人が現れる。

短所と最悪の結果

大げさで注目を集めないと気がすまない態度。人をからかったり、蔑む、あるいは独善的な態度。↓暗く無感動で、世を拗ねたような人。ルールを守らないアウトローな人に包囲される。

ASC乙女座―DSC魚座

長所と最良の結果

実直で親切。働き者。人の役に立つ振る舞い。↓心からあなたを信じ、本当に困ったときに捨て身で助けてくれる人が現れる。

短所と最悪の結果

何もかも請け負って、すべてをコントロールしようとする。細かい欠点に目を向けて批判。↓無責任で依存的。すぐに怠けて人のせいにしたり開き直る人が集まってくる。

ASC天秤座―DSC牡羊座

長所と最良の結果

公平で客観的な視点を持つ。どんな突飛な相手をも尊重してそれに合わせることができる。↓独創的な開拓者。人目を気にせず驀進できる英雄的人物と縁がある。

短所と最悪の結果

誰からも嫌われたくない。検討ばかりして最終決定することを回避。↓わがままで、協調性のない人。他者の立場に一切の配慮をせずに、自分の考えを押し通すような暴君が現れる。

ASC蠍座―DSC牡牛座

長所と最良の結果

真実を見極める観察眼を持ち、これと決めた対象に捨て身で全力投球する。一度愛した者のすべてを受け入れる姿勢。↓才能や富を独り占めさせてくれる地位の高い人に見染められる。ＶＩＰ席をあなただけのために用意される機会に恵まれる。

短所と最悪の結果

疑り深く、誰にも心を開かない態度。あからさまな好き嫌いによる選別的な態度や、えこひいきを隠そうともしない姿勢。↓誰にも相手にされなく孤独に見舞われるか、欲張りであなたに何かを貢がせようとして、すぐに交換条件を出してくるような相手との縁。

ＡＳＣ射手座－ＤＳＣ双子座

長所と最良の結果

大胆で自然体、おおらかで気前のよい親分的な態度。寛容で細かいことは気にしない姿勢。↓フットワークが軽く機知にとんだ子分が集まってくる。惜しげなく知識を分けたり、特技を披露してくれる人に恵まれる。

短所と最悪の結果

無責任で荒くれ者な態度。いじめっ子的振る舞い。大風呂敷を広げるが責任は取らない、いいかげんな姿勢。↓表面的なおべっかやゴマすりで打算的に近づいてくるスネ夫タイプが寄ってくる。嘘つきに目をつけられる。

ＡＳＣ山羊座－ＤＳＣ蟹座

長所と最良の結果

責任感が強い実直な態度。率先して自分が動こうとする姿勢。↓素直で何でも言うことを聞いてくれるかいがいしい助手に恵まれる。あなたの成果を無心にほめてくれる人との縁。

短所と最悪の結果

結果だけを求める冷徹な態度。なまけ心や甘えの一切を認めない姿勢。とにかく自分の言う通りに動けという指示的な振る舞い。↓自分で考えて動くことができない依存的で幼稚な人に包囲される。言い訳と逃げ口上だけは達者な怠け者との縁。

ASC水瓶座－DSC獅子座

長所と最良の結果

分け隔てのないフレンドリーな態度。落ち着きのある実直な態度。↓個性的で楽しい友達がどんどん増えてゆく。あなたのために一肌脱いで矢面に立ってくれるような正義漢との縁。

短所と最悪の結果

人と距離を縮めることをせず、誰をも特別扱いしないような冷徹な態度。自分のやり方を何一つ曲げない偏屈な姿勢。↓独善的に自分の考えを押しつけてくる横暴な人が現れる。突然の説教を受けるなど。

ASC魚座－DSC乙女座

長所と最良の結果

すべてを受け入れる慈愛の態度。相手の地位や立場に関わらず発揮される慈悲深い姿勢。↓あなたの夢を実現させるための雑務を一手に請け負ってくれる働き者が集まる。

短所と最悪の結果

人を翻弄する曖昧で一貫性のない態度。現

実から目を逸らし続ける浮世離れした姿勢。

↓ヒステリックな勘違い人間につきまとわれる。矛盾を突いて論破することだけを目的とする人物との縁。

太陽にアスペクトする惑星の種類と人生スケール

太陽は、自分の人生を創造する力です。普段の生活や趣味のときにはその姿をひそめています。だとしても、進路決定の場面など人生の舵をとるときには太陽星座やハウス、それから太陽にアスペクトする惑星がクローズアップされるものです。ここでは、太陽にアスペクトする天体の領域（個人、社会、世代）によって、進路決定にどのように影響がある

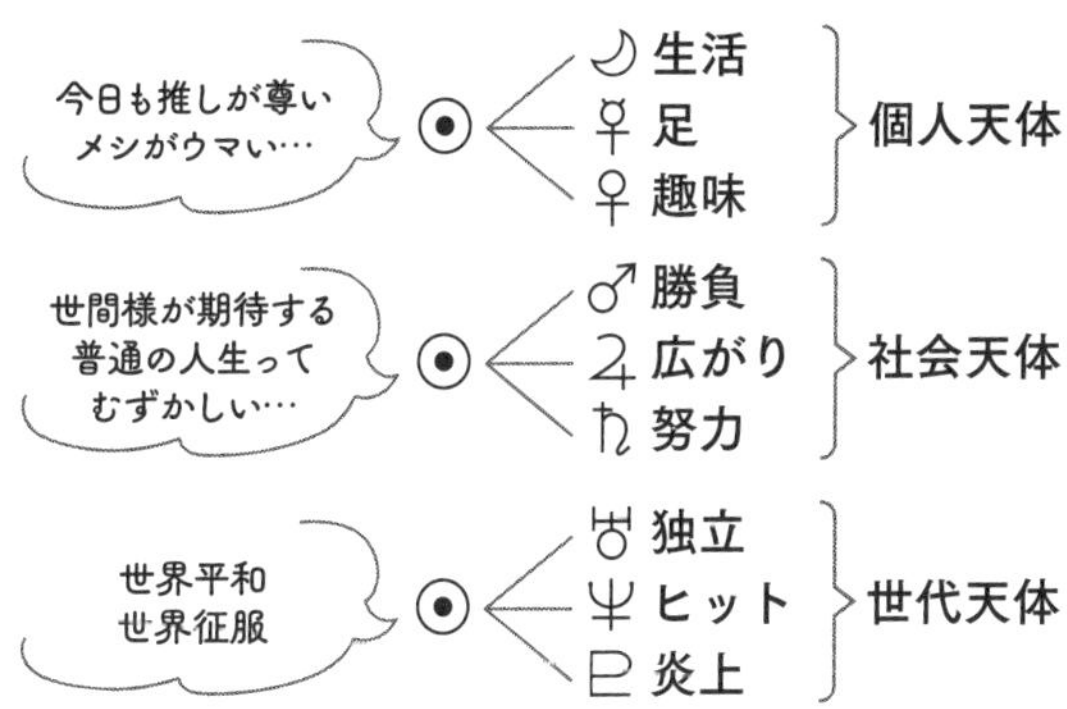

のかに注目します。
その人の生き方のスケールを知っておくことは、占いのアドバイスをする場合、とても重要なことだからです。人生に人並みの満足を求める人と、世界征服をもくろむ野心家に同じアドバイスは意味がないからです。

☉-☽☿♀（個人天体）
個人の満足を満たすための人生スケール

進路決定の尺度が、地元で（☽）、通学時間は1時間以内（☿）、制服はかわいいか（♀）、友達はどのくらい同じ学校へ進級するのか（♀）、などによって決定されやすい。

就職する場合も、休日（☽）がそれなりにあって、福利厚生が得られること。帰宅後は自分の趣味（♀）の時間がある程度確保でき、通勤1時間以内くらい、などが決定要因となります。

結婚は、地元で昔から知っている相手（☽）か、学生時代につき合った相手（☿）と地続きで……。自分のことを愛してくれる人（♀）ならいい。

☉-♂♃♄（社会天体）
個人の能力をできるだけ社会に貢献したい人生スケール

進路決定の尺度が、たとえ遠方だったとしても、そのとき狙えそうな偏差値ギリギリの進路で勝負（♂）。場合によっては上京してひとり暮らしもありえる。そのためには奨学金も申請（♃）するし、親に頭を下げてもいいし、苦しいけれども将来のことを考えると、今勉強（♄）すべきだと思う。

就職する場合も、自分の才能を社会に貢献したい。能力を活かして正当な評価をくれる大手会社（♃）を狙いたい（♂）。下積みの時期は、つらくとも残業（♄）や飲み会（♃）にも進んで出て出世（♂）する努力（♄）を。結婚するなら、勝ち組（♂）と言われる最低ラインを満たす相手と。結婚式（♃）もちゃんと上げるし、新婚旅行（♃）も行く。

☉－♅♆♇（世代天体）

人生の爪痕を残したいし、有名になりたい。

歴史に名を遺すような偉業を成しとげたいし、世の中を変え（♅）たい。自分に使命があるのであれば、個人としての幸福を犠牲にしてでも、それに身を捧げる覚悟（♇）は何となくある。そのためには、運命的な事業に投資できるだけの財産（♆）も必要だし、多くの人を動かす（♆）だけの名声と先見の明が必要だと感じる。

進学は、学校に行くことの意義がよくわからない（♆）し、行っても行かなくても自分の人生に関係がない（♅）ような気がする。大学は何となく中退（♇）しがち。

就職するくらいなら自分で事業起こし（♅）ます。あるいは、社会不適合ぎみで誰も雇ってくれそうにないし、自分にはこれしかできない（♇）ところに落ち着くしかない。夢のために（♃）お金は借りられるだけ借りたい。常識的な生き方は難しい。

結婚しなくてもいいけど、するのなら自分を応援してくれる自分のファンと。

⊙に対して、どの惑星もアスペクトを持っていない場合

創造主として純粋に機能する太陽を持っているので、人生は自分で切り開いて当然だし、結果は後からついてくるという人生観になり、そのスケールは気になりません。常識にとらわれたり、逆に必要以上の出世に取りつかれて、自分を見失うということにはなりにくいマイペースな性質を持つでしょう。

⊙に対して、スケールカテゴリーの違う天体が混在している場合

そのどちらの要素も持つことになり、ある意味、欲張りな人生感になります。有名人なのにプライベートも捨てたくない、あるいは、出世狙いの仕事人間で家庭を顧みない面もあるが、休日にも頑張って家族と過ごし、てんてこ舞いするなど。

＊多くの人がセクションが明確なわけではないので、それぞれのカテゴリーから１つくらいの天体と緩やかな角度を持つため、人生の手の広げ方、進路に関してそれほど極端な行動を取らずに、いろいろな可能性の中で選択していくことになることでしょう。

月にアスペクトする惑星の種類と生い立ちのスケール

月は生い立ちであり、生活習慣です。誰にでも、公での活動や仕事、趣味の交友関係で

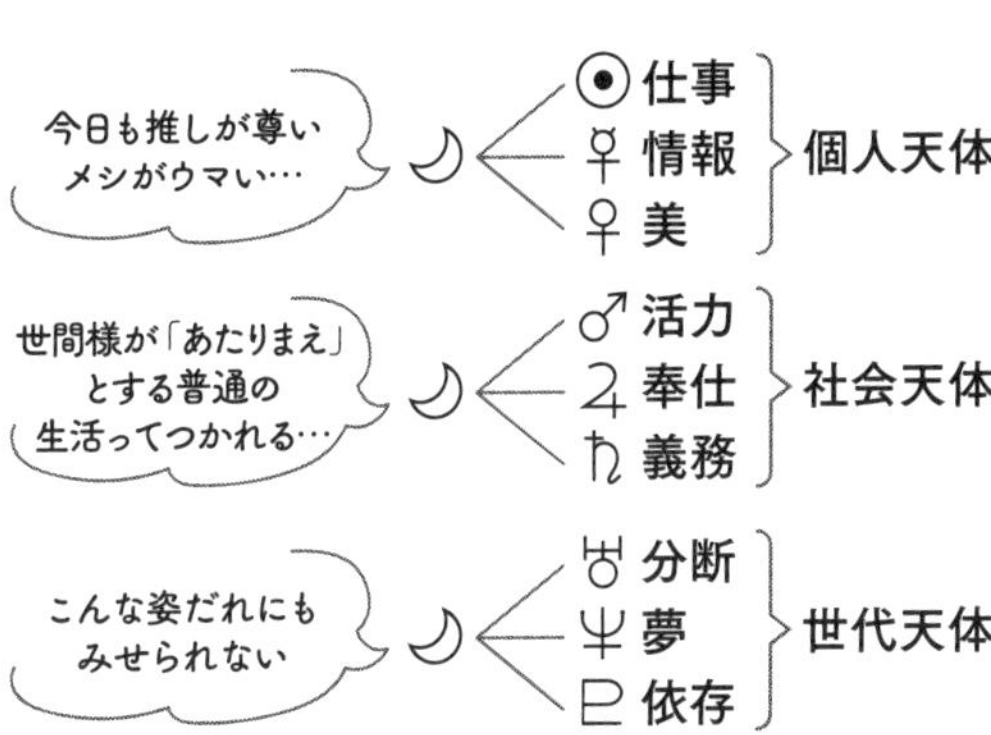

は見せることのない私生活があるものです。その様子は月のサインやハウス、月にアスペクトする惑星から推し量ることができるでしょう。

太陽と同じように、アスペクトする天体軍がどのカテゴリーにあるかによって、その人が家に帰ってからの営みを想像しましょう。

その人の生活のスケールを知ることは、占いで心に踏み込んだ分析をするときに軽視してはならないからです。心が満たされることを望んでいる人と、心に深い傷を負って他者に容易に触れられたくないと恐れる相手に、同じアドバイスは意味がないからです。

☽-☿♀☉（個人天体）

個人の満足を満たすための生活スケール

仲良しとおしゃべり（☿）する時間、雑誌をめくったり、ネットサーフィンして興味のある情報を収集（☿）する時間、推しを愛（め）（♀）でる、花を飾る（♀）、スイーツ（♀）を食べてお茶をする、毎日健康（☉）でスケジュール通り仕事（☉）に行く。そういった当たり前のルーチンで、生活を埋めてゆくことに安心するし、そこから逸脱する不安は受け入れ難い。

☽-♂♃♄（社会天体）

善良なる市民として
地域や社会に貢献する生活スケール

ダラダラ過ごす時間が多いと焦るし、せき立てられる（♂）ような思いに駆られて筋トレ（♂）でも始めなければと思う。子ども会のボランティア（♃）役員もそろそろ引き受けなければならないし、週末は管理組合（♄）に出席することも義務。将来を考えるとローンは繰り上げ返済（♄）しておきたいし、保険（♃）も見直しておかないと。そろそろ癌年齢なので人間ドックに予約入れないと……。世間様の言う「当たり前」の生活は疲れるし、休まらないが、きちんとした生活は安心だし、そこから逸脱する不安は受け入れ難い。

☽-♅♆♇（世代天体）

型破りで常識から逸脱した生活スケール

非日常が日常。エクストリームなライフスタイルの持ち主。このような月のコンディションは、生い立ちのプロセスでおもに母親との関係から形成された可能性が高く、本人にとってはサバイバルの痕跡です。

この町には長く居すぎたので、そろそろ引っ越し（♅）たいし、毎日同じコンビニに行くのもバツが悪い。嫌な気持ちになったときは、それを忘れるための空想（♆）やお酒（♆）が一番。日常を忘れて没頭（♇）させてくれる究極の何か（♇）をくれ！

☽に対して、どの惑星もアスペクトを持っていない場合

生活を営むうえで、人や環境から干渉を受けにくく、自分のペースを守ることができるライフスタイルを手に入れやすい。周囲の喧騒や他者の心にとても敏感であると同時に、ひとたびそこから離れて自室に戻ると、それらから自分を守り雑音の一切をシャットアウトする手段を持っている。

☽に対して、スケールカテゴリーの違う天体が混在している場合

☉の読み方のようにすべてを体現したい「欲張り」と読まず、逆に生活において妥協することを知っていると読むほうがいいでしょう。理由は、私的領域が矛盾をはらんだり雑多であることに対して、人はそれほどつじつま合わせを必要としないからです。ここでは頑張るけど、ここは手を抜こうといった具合に、自分が安心できる生活をバランシングするしかないのです。

☉と☽のコントラスト

☉と☽を比べたときに、どちらの惑星のほうが目立った場所にあり、強い品格を持ち、アスペクトが豊富でしょうか？　また、二つの惑星は矛盾したコンディションにあるでしょうか？　それとも調和しているでしょうか？　それらを対比させ、行ったり来たりしながら読むことはホロスコープ解釈の中枢となり、そこを軸に細部に目を移していくことが大切です。

知りたいこと別に注目すべき場所

太陽、月、アセンダントなどからチャートの中枢を捉えることができたら、知りたいことに応じて、どこに注目するかを見極めながら情報を引き出してみましょう。

①知りたいことと関係の深そうなハウスを選ぶ（複数個所あってよい）。

②ハウスのルーラーとそのハウスにある天体が、知りたいことを示している「指示象徴」とする。

③指示象徴のハウスで、分野や活動エリア、サインで様子、アスペクトで関係性やアクションを読む。

例 お金のことを知りたい

①2室(カスプは♊)
②ルーラーは9室♀
③サインは山羊座でアスペクトは♄とスクエア

この人はお金を、自分を高めることに使いたい傾向にあるため、習い事や本を買うことが多く、旅行（9室）にもお金を使うでしょう。旅行に行く場合は性急に行動し、スケジュールを過密に組み、予定した通りに動き回って成果を出そう(♑)とします。しかし、飛行機の遅延や、体調不良（6室♄）などの足止めを食らうこともあるでしょう。

例 兄弟のことを知りたい

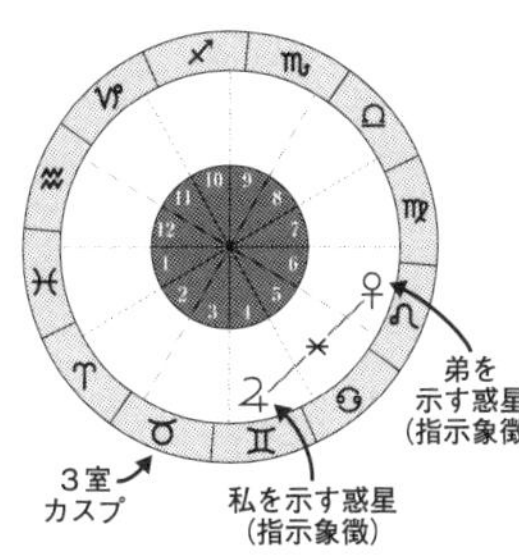

①3室(カスプは♉)
②ルーラーは6室♀
③サインは獅子座で♃とセクスタイル

弟は私の経営する工場で働いて（雇用の6室）いて、社員に気を配り人事を調整（♀♌）してくれている。弟を示す惑星にセクスタイルしている♃は、ＡＳＣのルーラーなので私を示しており、兄弟仲は良好で互いに高め合うことができる（セクスタイル）と感じている。

例 パートナーについて知りたい

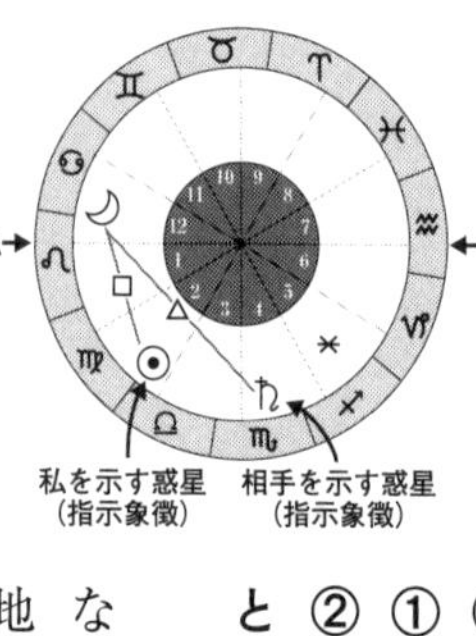

①7室（カスプは♒）
①ルーラーは4室
②サインは蠍座で☽とトライン

私のパートナーになりやすい相手は、地元や幼なじみなどローカルな行動範囲（4室）にいる相手で、年配者（♄）である可能性が高く、私（1室ルーラーの☉）とはあまり接点を持たない（メジャーな角度をとらないから）。しかし、友人（11室）が世話役（♋☽で二人の指示象徴どちらとも角度（つながり）を持つ）となり二人をお見合いさせてくれることによって、知り合うことができるかもしれません。

ホロスコープ
作成ソフトの紹介

◆ Astro Gold

https://apps.apple.com/jp/app/astro-gold/id430270438

iPhoneおよびiPadのApp Storeで購入でき、出先でいつでもホロスコープを表示できるアプリです。その手軽さからインストールしたとしても内容の充実に驚くことと思います。ディグニティーの計算、プログレス、トランシット、他者のホロスコープなどとの二重円、小惑星や特殊感受点の表示……など、プロが必要とするほとんどの機能をこれで網羅できると思います。

◆ Astrology: Horary Chart

https://apps.apple.com/jp/app/astrology-horary-chart/id1450516595

iPhoneおよびiPadのApp Storeで購入でき、出先でいつでもホロスコープを表示できるアプリです。Androidでも同じソフトが販売されているそうです。

こちらのソフトの利点は、ハウス表示を四分円（クオドラントハウスシステム）と、等分円（ホールサインシステム）を同時に表示できることです。(P.122参照）ハウスを二つの視点から検討することに慣れていないうちは、このソフトのように同時表示できるものを使うと慣れやすいと思います。ホラリー占星術*を扱うときに便利な「月の推移」*が表示できることも大変便利な点です。デイグニティーの計算もできます。

難点は、データ管理に癖があり、直観的にどこに保存されているのか、どこに保存するのかがわかりにくいため、私はこのソフトはホラリー用と割り切って使っています。

◆インターネット上の無料でホロスコープを作成してくれる Astro.com を紹介

https://www.astro.com/horoscopes/ja

ホロスコープ各種チャート作成

①左上の、「出生図，上昇点（アセンダント）」を選択→出生データを入力し、ユーザープロファイルを作成（※出生時間が不明の場合は下記参照）→Agree　→出生データの入力　→右上に太陽、月、ASCの記号が表示されます　→もう一度ボタンをクリック

これで出生図が作成されます

②次にハウスシステムや表示したい惑星を選ぶ方法を紹介します。

上段左から二番目「出生データによるいろんなチャート」を選択→黄道帯とハウス分割法のオプションはそのままで、以下が選択されていることを確認。（黄道帯／春分点基準・地球中心の獣帯）→ハウス分割法：標準のハウス。慣れるまではこの方法の表示でホロスコープを読んで差し支えないでしょう。

ハウスの章を読んで、システムを理解したうえで「ホールサインハウス」を選択してこちらでも出生図を読んでみましょう。

（※出生時間が不明の場合）

①出生時間が不明の場合は正午12：00と入力します。

正午で出力したチャートの画面左上の三本線をクリック→無料ホロスコープのタグを開く→占いの図と計算→出生データによるいろんなチャート→ハウス分割法→ホールサインハウス

②このようにチャートを出して、☉のあるハウスを1室と考えて、反時計回りに次に控えるハウスを2室、その次を3室……とチャートを読みます。

おわりに　～ヘルメスのように

星の輝きや角度や見え方が、地上生活の何かとつながっているという感覚は、前提としてこの世のすべてのものがつながっていて、一つの有機的存在として息づいているという感覚から来ているのだと思います。

私たちは人間社会で生き抜くために、母親と自分を切り離して一つの人格として尊重し合うことからスタートして自分と他者、他者と集団、集団と社会を個別に認識しながらも、コミュニケーションをとり、共生していく方法に長けることを己れに強いてきたのかもしれません。

それは、猿山でより有利な高台をとるために必要なことだったのかもしれませんが、自我を全体から切り離してくっきりと認識しすぎることによる疲弊は、人を孤独に追いやり、起こってもいない未来への不安や、もうすんでしまった過去への後悔への虜にしてしまいます。

ホロスコープを使った自己分析や未来予測は、一つの人格をより細かい衝動に分けて、自己矛盾や脳内会議というかたちでその一つ一つに光をあてていく作業なので、先に述べた孤独の原因である「分断」を加速させる作業のように思えるかもしれません。

しかし、この作業はシンボルを使った解体作業でもあることに気がついてほしいです。「自分が、自分が」という思考から離れて俯瞰の視点を手に入れるために、ホロスコープリーディングは役に立ちます。

ひとりの人間を一つのコスモスとして、その中により小さな惑星たちがあり、それぞれにユニークな軌道と公転周期を持つことをイメージしてみてください。人と宇宙との関係が、マトリョーシカのように、より小さなものとより大きなものが同じような構造で共鳴し合っているイメージです。

私たちの悩みの多くは、思考の暴走による葛藤や自己矛盾をつじつま合わせしようとすることから始まっているように思えます。時と場合に応じて顔を出してくる自分の中の様々な顔（惑星）には、それぞれにユニークなカラーや道理があり、それ自体に良いも悪いもないことを知るきっかけにホロスコープリーディングがなってくれることを願います。

どんなに優れた道具であっても、使い手により薬にも毒にもなるもので、特に占いのような魔術的道具は、有効であればあるほど猛毒になる可能性もあることを忘れてはならないと思います。この本の読者が、自分をユニークな存在として堪能したり、宇宙全体と一体化する幸福に戻ったりを自由に行き来できるヘルメスのように、この世界を楽しめますように！

著者紹介

いけだ笑み
（いけだ　えみ）

宇宙のからくりと人間存在の謎について、物心ついたころから考え続け、古代占星術と錬金術思想にたどりつく。1999年からプロの占星術家としての活動を開始。主にホラリー占星術の研究と実践に取り組みながら、東京、大阪、仙台、福岡などで講師活動やイベントを開催。著書は、『基本の「き」目からウロコの占星術入門』『続　基本の「き」目からウロコの占星術入門』『ホラリー占星術』以上説話社、「いますぐ深読みできるフレンドリー・タロット」太玄社ほか。

http://astro.secret.jp

説話社占い選書シリーズ創刊の辞

説話社は創業以来、占いや運命学を通じて
「安心できる情報」や「感動が得られる情報」
そして「元気になれる情報」をみなさまに提供し続けてきました。
「説話社占い選書シリーズ」は、占いの専門出版社の説話社が
「21世紀に残したい占い」をテーマに創刊いたしました。
運命学の知恵の源である占いを、現代の生活や考え方に沿うよう、
よりわかりやすく、そしてコンパクトな形で編集してあります。

みなさまのお役に立てることを願っております。

2014年　説話社

説話社占い選書 20
ホロスコープが読める(よ)ようになる
西洋占星術(せいようせんせいじゅつ)

発行日　2024年4月29日　初版発行
著　者　いけだ笑み
発行者　酒井文人
発行所　株式会社説話社
〒102-0074　東京都千代田区九段南1-5-6 りそな九段ビル5F
URL http://www.setsuwa.co.jp

デザイン　菅野涼子
編集担当　酒井陽子　高木利幸
印刷・製本　中央精版印刷株式会社

ISBN 978-4-910924-18-2 C 2011

説話社
占い選書

説話社占い選書シリーズ

① 占い選書 1
簡単でわかりやすい
タロット占い
LUA

② 占い選書 2
悩み解決のヒントが得られる
ルーン占い
藤森 緑

④ 占い選書 4
手のひらで心が読める
西洋手相占い
ゆきまる

⑤ 占い選書 5
すべてがわかる 384 爻（こう）
易占い
水沢 有

⑥ 占い選書 6
もっと深く知りたい！
12 星座占い
月星 キレイ・芳垣 宗久 共著

⑦ 占い選書 7
はじめてでもよくわかる！
四柱推命
富永 祥玲 著　大石 眞行 監修

⑧ 占い選書 8
運を開く 27 宿の教え
宿曜占星術
宇月田 麻裕

⑨ 占い選書 9
女神からの愛のメッセージ
小惑星占星術
芳垣 宗久

⑩ 占い選書 10
一生の運勢を読み解く！
紫微斗数占い
照葉 桜子 著　東海林 秀樹 監修

⑪ 占い選書 11
九つの星で運命を知る
九星術
鎗田 宗准

⑦

①

⑧

②

⑨

④

⑩

⑤

⑪

⑥

すべて本体価格1,100円（税込）　※③は欠番。増補改訂版のためで⑮が該当します。

説話社
占い選書

説話社占い選書シリーズ

⑫ 占い選書12
大地からの16の神託
ジオマンシー占い
高橋 桐矢

⑬ 占い選書13
人生を豊かにする
人相術
天道観相塾 著　天道 春樹 監修

⑭ 占い選書 14
もっともわかりやすい
現代式 姓名判断
ジュヌビエーヴ・沙羅

⑮ 占い選書 15
増補改訂版
成功をつかむ究極方位
奇門遁甲
黒門

⑯ 占い選書16
吉凶と時期がハッキリわかる
断易
雨宮 零 著　大石 眞行 監修

⑰ 占い選書 17
宿命を知り、活かす
恒星占星術
マドモアゼル・愛

⑱ 占い選書 18
シンプルでよくわかる開運法
九星気学
エミール・シェラザード

⑲ 占い選書 19
運気を発動させ人生を変える
玄空飛星風水
美槻衣伽 著　黒門 監修

⑳ 占い選書 20
ホロスコープが読めるようになる
西洋占星術
いけだ笑み

⑰

⑫

⑱

⑬

⑲

⑭

⑳

⑮

⑯

すべて本体価格1,100円（税込）